PREFÁCIO DE **JOÃO ADIBE**

MIKE WEINBERG

GESTOR DE VENDAS PELA PRIMEIRA VEZ

O GUIA DEFINITIVO PARA LIDERAR COM SUCESSO E OBTER OS MELHORES RESULTADOS NA ÁREA COMERCIAL

AGIR

TRADUÇÃO DE **EDMUNDO BARREIROS**

Título original: *The First-Time Manager — Sales*

Copyright © 2023 Mike Weinberg
Publicado mediante acordo com a HarperCollins Focus, LLC.

Direitos de edição da obra em língua portuguesa no Brasil adquiridos pela Agir, selo da Editora Nova Fronteira Participações S.A. Todos os direitos reservados. Nenhuma parte desta obra pode ser apropriada e estocada em sistema de banco de dados ou processo similar, em qualquer forma ou meio, seja eletrônico, de fotocópia, gravação etc., sem a permissão do detentor do copirraite.

Editora Nova Fronteira Participações S.A.
Av. Rio Branco, 115 – Salas 1201 a 1205 – Centro – 20040-004
Rio de Janeiro – RJ – Brasil
Tel.: (21) 3882-8200

Dados Internacionais de Catalogação na Publicação (CIP)

W423g	Weinberg, Mike
	Gestor de vendas pela primeira vez: o guia definitivo para liderar com sucesso e obter os melhores resultados na área comercial / Mike Weinberg; tradução de Edmundo Barreiros. — 1 ed. — Rio de Janeiro: Agir, 2025.
	176 p.
	Título original: *The First-Time Manager — Sales*
	ISBN: 978-65-5837-194-6
	1. Gestão de vendas. I. Barreiros, Edmundo. II. Título.
	CDD: 658.81
	CDU: 658.81

André Felipe de Moraes Queiroz – CRB-4/2242

Conheça outros livros da editora:

Para meus pais.

Obrigado por me amarem incondicionalmente, proporcionando uma vida de apoio e estímulo, e por serem os pais e avós incríveis que vocês são.

Sumário

Prefácio, 9

Introdução, 11

1. Seu cargo é o mais decisivo na cadeia dos negócios, 15

2. Seu novo cargo (de gestor) não tem nada a ver com seu antigo (de vendedor), 19

3. Sua primeira missão é garantir que a equipe faça o trabalho dela, 29

4. Seu segundo trabalho mais importante: ajudar a equipe a trabalhar melhor, 47

5. Coisas ruins acontecem quando você tenta fazer o trabalho de seus vendedores, 71

6. Seu trabalho é muito mais fácil com as pessoas certas na equipe, 87

7. Seu trabalho vai ser mais divertido e você vai obter mais resultados passando mais tempo com seu melhor pessoal, 111

8. Ignorar o desempenho fraco é um erro grave na gestão de vendas, 125

9. Use com sabedoria o enorme espaço emocional e mental que você ocupa no coração e na mente de seus vendedores, 145

10. Reduza a velocidade para acelerar seu crescimento, 157

11. O sucesso na gestão de vendas é motivado pelo domínio dos fundamentos, não por brinquedos e truques extravagantes, 169

Prefácio

É uma honra para mim, como vendedor, poder escrever o prefácio deste livro de Mike Weinberg.

Eu acredito que o vendedor é a espinha dorsal de qualquer negócio. Não existe empresa que prospere sem uma força de vendas comprometida, capacitada e apaixonada pelo que faz. O sonho de um vendedor tira qualquer empresa da crise.

Porém, mais do que isso, acredito que vender é uma arte e uma habilidade que, quando bem desenvolvida, tem o poder de transformar qualquer organização. O papel de um vendedor vai muito além daquela transação feita diretamente com os seus clientes; ele também ensina e os ajuda a comercializar melhor o seu produto. Isso é ser um vendedor do futuro.

Ao longo da minha trajetória como CEO, aprendi que vender é, em essência, entender a necessidade do outro e ser capaz de entregar uma solução que realmente faça a diferença na vida dele. E é essa uma das lições deste livro — a importância de desenvolver, e, acima de tudo, confiar em nossa equipe e em nossos clientes.

Ao conduzir a Cimed de um pequeno laboratório farmacêutico para uma gigante do setor, uma das lições mais valiosas que aprendi foi que uma gestão de vendas eficaz é muito mais do que apenas números. É entender as pessoas, os processos e as ferramentas necessárias para maximizar o desempenho de cada vendedor e, consequentemente, gerar resultados muito acima da média.

Mike Weinberg, com sua vasta experiência, transmite com clareza e sabedoria tudo o que precisa ser feito para construir e liderar uma equipe de vendas vencedora. Este livro é um guia estratégico para todos os que desejam transformar sua abordagem comercial e alcançar o sucesso. Acredito que as lições de Weinberg serão essenciais para qualquer gestor que queira não só melhorar as vendas, mas também levar sua equipe a um novo patamar de excelência, transformando organizações em verdadeiras máquinas de vendas. E isso não se resume apenas a estratégias bem delineadas, mas também a uma cultura comercial robusta e um time comprometido com os resultados.

Este livro é um verdadeiro presente para aqueles que buscam se destacar, melhorar sua performance e transformar suas organizações, com soluções práticas e aplicáveis.

Espero que os leitores se sintam inspirados a ir além, a liderar com paixão e a transformar suas organizações em potências de vendas. O sucesso não aceita preguiça!

João Adibe,
CEO e vendedor da Cimed

Introdução

Fiquei extremamente honrado por ter sido convidado pela Harper Collins Leadership para escrever este título, que fará parte da série expandida dos livros *Gestor pela primeira vez*, e não poderia estar mais empolgado para ajudar você, leitor, a lançar sua carreira em gestão de vendas.

A transição para a gestão de vendas é única e desafiadora. Como você logo vai ler no Capítulo 2, quase sempre o papel de liderar uma equipe de vendas parece exatamente o oposto do cargo que o precedeu, de vendedor. Surpreendentemente, existem pouquíssimas fontes de qualidade para ajudar gestores de vendas de primeira viagem a fazer essa enorme mudança, o que foi minha maior motivação para escrever este livro que você tem em mãos.

Antes de mergulhar em *Gestor de vendas pela primeira vez*, quero que você saiba de uma coisa: a jornada misteriosa de um novo gestor de vendas não é território desconhecido para mim. Pelo contrário, como verá no Capítulo 7, meu ingresso na área não foi nada suave e bem-sucedido, embora eu tenha sido um vendedor de alta produtividade em diversas organizações e tenha acabado de concluir um trabalho como coach e consultor de equipes de vendas. Entendo bem os desafios de um gestor de primeira viagem, sobretudo porque sofri com eles, e percebo como é irônico que a mesma pessoa que teve tantas dificuldades em seu primeiro cargo em liderança de vendas anos depois tenha escrito *Sales Management: Simplified* [Gestão de vendas: simplificada] e agora passe a maior parte do tempo ajudando empresas em todo o mundo a aumentar a eficácia de sua gestão de vendas.

Um tema que permeia este livro é: *você* é a chave do sucesso nas vendas de sua equipe. Acredito de verdade que a função que você aceitou é uma das mais importantes em toda a cadeia econômica: liderar um grupo de pessoas responsáveis por conduzir a principal linha dos negócios. Como pessoa-chave no centro dessa engrenagem fundamental dentro de uma organização, você tem a oportunidade única de influenciar não apenas a essência do negócio, mas a carreira e a vida dos membros da equipe. Isso é uma responsabilidade e tanto, e as estruturas e boas práticas apresentadas aqui vão prepará-lo e empoderá-lo para liderar com o máximo de aproveitamento.

Entretanto, à medida que avançar pelos capítulos, você logo perceberá que muitos dos conselhos que darei são contraintuitivos e que muitos dos assuntos tratados, longe de serem considerados "da moda", são absolutamente decisivos para o sucesso na gestão de vendas. Em termos simples, tópicos muito populares no LinkedIn não costumam ser tão úteis quando se tenta realmente liderar uma equipe de vendas; e enquanto parece que todo mundo na indústria do aperfeiçoamento em vendas quer falar sobre técnicas, truques e ferramentas novas e descoladas, muito do que apresento vai parecer, de propósito, bastante antiquado. Por exemplo, nos Capítulos 3 e 4, defendo com veemência que suas duas funções mais importantes são: primeiro, assegurar que a equipe faça o trabalho; e, segundo, ajudá-los a fazer isso da melhor maneira possível. Dominar essas duas funções críticas vai projetá-lo para o próximo patamar dos gestores de vendas, pode ter certeza. Fazer com que vendedores assumam responsabilidades e investir tempo no trabalho com eles são as duas atividades na gestão de vendas que mais trazem retornos. Embora não sejam tópicos superinteressantes, executar esses fundamentos realmente bem é o que impulsiona resultados em vendas.

O Capítulo 5 agita uma bandeira amarela gigante de alerta indicando as causas (e as terríveis consequências) que levam gestores de vendas a cair na armadilha comum de tentar fazer o trabalho de seus vendedores. Em vez de liderar, treinar e responsabilizar os membros da equipe, muitos gestores tentam bancar o herói e se intrometem em toda situação imaginável. Digo de imediato que essa abordagem não é escalável, não é sustentável e causa danos indescritíveis à cultura, aos vendedores e ao gestor frequentemente bem-intencionado.

Os três componentes críticos de uma gestão inteligente de talentos em vendas estão contidos nos Capítulos 6, 7 e 8. Desde saber criar descrições de cargo precisas e que atraiam os candidatos adequados (afastando os *fakes*), até melhorar radicalmente suas habilidades como entrevistador, você vai se apaixonar pelo processo de conquistar as pessoas certas para a sua equipe. Seguir o conselho contraintuitivo do Capítulo 7 vai tornar todo o processo mais divertido e aumentar seus resultados como gestor. E, terminado o Capítulo 8, você se sentirá mais confortável e confiante para lidar rapidamente com vendedores que estejam com dificuldades, e nunca mais fechará os olhos para o mau desempenho.

Ao longo dos últimos anos, tive mais e mais certeza de que gestores de vendas raramente compreendem o enorme espaço que ocupam no coração e na mente dos membros de sua equipe. O Capítulo 9 é dedicado a ajudá-los a apreciar essa responsabilidade enorme e a usar com sabedoria todo o espaço mental e emocional que a tarefa consome (em benefício próprio e de seus liderados).

O Capítulo 10 oferece uma última dica nada intuitiva e um alerta: quase sempre o desejo de decolar muito rápido cria um processo de crescimento mais longo e desacelerado. Você descobrirá por que é imperativo desacelerar para acelerar, e também terá acesso ao conhecimento prático poderoso de dois líderes de vendas muito talentosos. As perspectivas deles ajudarão a maximizar sua eficácia inicial como gestor de primeira viagem.

Não há cargo mais importante do que receber a incumbência de liderar uma equipe responsável por gerar receitas. Estou realmente animado com sua nova empreitada no campo da gestão de vendas e fico muito feliz por você ter escolhido este livro para ajudá-lo a se tornar um gestor de vendas de nível internacional! Vamos nessa!

1
Seu cargo é o mais decisivo na cadeia dos negócios

Parabéns, gestor de vendas! Você agora tem o emprego mais decisivo em toda a empresa.

Não estou exagerando. Você foi incumbido de liderar a equipe responsável por produzir receita. O que pode ser mais importante do que isso?

Não estou tentando ser dramático. Nem assustar você. Nem vender este livro (até porque você já o comprou). É só a mais pura verdade: a organização inteira depende do trabalho que você e sua equipe de vendas fazem, e que o façam bem. Sem bons resultados não há lucro, e tenho certeza de que você já escutou esta frase: nada acontece até que alguém venda alguma coisa. Então, bem-vindo à gestão de vendas. Todo mundo, e quando digo isso é todo mundo *mesmo*, está contando com o seu sucesso.

Minha paixão, ou meu propósito, como está na moda dizer, é ajudar vendedores a conquistar mais Vendas Novas. É isso o que eu faço. É por isso que pego tantos voos e durmo em tantos hotéis todos os anos. Por isso tenho meu blog, apresento eventos, tenho um podcast e escrevo livros. Eu amo vendas. Eu respiro vendas. Sou um vendedor orgulhoso. E não há nada (no ramo dos negócios) que eu prefira fazer do que tornar equipes de vendas cada vez mais eficazes em desenvolver novos negócios e fechar mais Vendas Novas.

No entanto, por mais que eu ame trabalhar diretamente com equipes de vendas, não posso negar algo que observei nos últimos 15 anos:

> O gestor de vendas é a chave para criar uma cultura de vendas saudável e de alto desempenho e produzir resultados de longo prazo.

Tanto que todo workshop de liderança de vendas, palestra, sessão de treinamento, programa ou discurso meu começa com a seguinte afirmação:

> Você é a chave.

É exatamente por isso que na última década mudei o foco dos meus treinamentos e passei a dedicar cada vez mais tempo a gestores de vendas e executivos. Faço isso em nome do efeito multiplicador: quando a gestão de vendas entra nos trilhos, tudo muda.

E se há uma coisa que quero desesperadamente que você entenda desde o primeiro capítulo deste livro é o seguinte: você, o líder da equipe de vendas, é a verdadeira chave do sucesso na área.

Mas não me interprete mal, porque de forma alguma estou dizendo que seus vendedores não possam se sair melhor. Eles podem se sair *muito* melhor, acredite. Eles com certeza podem ser mais estratégicos na captação de clientes. Podem aprimorar seu pitch e desenvolver uma linguagem mais atraente. Podem prospectar com mais paixão e persistência. Podem controlar suas agendas com mais eficácia, para passar mais tempo buscando proativamente novos negócios e menos tempo cuidando de suas contas favoritas ou apagando incêndios no atendimento. Sem dúvida, eles podem ser mais dedicados em seus contatos com clientes e fazer mais e melhores perguntas, ouvir com mais atenção, fazer apresentações mais poderosas, superar objeções com mais habilidade...

Eles podem se sair melhor. Ah, como podem... E embora eu adore ajudar equipes de vendas a melhorar em todas essas áreas (e grande parte do negócio da minha empresa e da minha renda venha de treinar times de vendas), me sinto obrigado a compartilhar com você *a verdade cabal*: nem todo treinamento de vendas (hoje em dia, muitas empresas chamam isso de "capacitação") no mundo vai ter um impacto significativo nos resultados de vendas, nem na cultura exigida para sustentar esses resultados no longo prazo, se você (e sua empresa) não desempenharem direito os pontos-chave da gestão de vendas.

Entende? Sei que essa é uma afirmação e tanto vinda do cara que escreveu *New Sales: Simplified* [Novas vendas: simplificado] e que é mais conhecido por seu trabalho treinando equipes de vendas. Com ainda mais ênfase, sem hesitação ou reservas, estou dizendo que o treinamento em vendas é, em grande parte, um desperdício gigante e inútil de tempo e dinheiro a menos que dominemos os fundamentos da gestão de vendas: cultura, responsabilização, gestão de talento (manter os melhores da equipe felizes e produtivos, ao mesmo tempo que identificamos e lidamos com pessoas de desempenho inferior), compensação, celebração, reuniões de equipe e condução estratégica dos vendedores na direção certa.

Então, antes de mergulharmos de cabeça para ajudar você a entender esses fundamentos importantíssimos, vamos definir e explicar o que é e o que não é seu trabalho como gestor de vendas.

2
Seu novo cargo (de gestor) não tem nada a ver com seu antigo (de vendedor)

Muito possivelmente ninguém contou a você essa verdade muitíssimo importante, então, prepare-se, porque vou colocar as cartas na mesa logo no início da sua jornada como gestor de vendas. O título deste capítulo não é um exagero, é um fato. Seu novo cargo não tem nada a ver com o antigo.

Meu caro amigo gestor de vendas, escute bem essas palavras do grande Marshall Goldsmith: "O que trouxe você até aqui não vai fazer você chegar lá."

Praticamente a única coisa em comum entre seu antigo cargo em vendas e seu novo cargo como gestor de vendas é a palavra *vendas*! De muitas maneiras, os papéis são diametralmente opostos, e quanto mais depressa você reconhecer e se adaptar a essa realidade, mais suave vai ser sua transformação em um líder de vendas altamente eficaz.

RESPONSÁVEL POR UM *VERSUS* RESPONSÁVEL POR MUITOS

Quando as pessoas me perguntam por que entrei para o ramo de vendas e por que amo o que faço, é fácil dar uma resposta direta em três partes: Liberdade. Diversão. Recompensa financeira. E entre essas três razões atraentes, a primeira supera as outras duas.

Eu amo ter liberdade, e não há nada melhor que ser julgado pelo que produzo, não por quanto eu trabalho. Sucesso em vendas tem a ver com resultados, e para o vendedor de sucesso nada supera a satisfação (ou a confiança) que vem de aumentar os números, superando sua meta de vendas. Há algo realmente único na vida de um profissional individual extremamente bem-sucedido. Em grande parte, você é responsável por uma pessoa: você mesmo! E a liberdade de não ter que jogar o jogo político corporativo nem se preocupar com o que as pessoas pensam sobre a hora que você chega e a que sai do escritório pode ser revigorante. Com certeza foi para mim.

O trabalho de quem opera em vendas é extremamente claro. Desde que você aceite ser julgado por um padrão objetivo, há uma liberdade incrível. Em outras palavras, vendedores podem manter um foco simples e único, que é seu próprio desempenho.

Mas a mudança para o cargo de gestão de vendas muda tudo. Tudo *mesmo*. Ao virar gestor, você não apenas deixa de ser exclusivamente responsável por si; na verdade, você nem é mais visto como um "indivíduo". Essa é uma realidade pesada, um fardo que muitos novos gestores não estão preparados para carregar.

VENCENDO ATRAVÉS DE SEU PESSOAL

É enorme a mudança de mentalidade necessária para ter sucesso em gestão.

Não há jeito mais simples de dizer isso. Enquanto colaboradores individuais ganham devido ao próprio esforço, gestores de vendas ganham através da equipe. Tire alguns momentos para refletir sobre a enormidade dessa afirmação e suas aplicações.

ENQUANTO COLABORADORES INDIVIDUAIS GANHAM DEVIDO AO PRÓPRIO ESFORÇO, GESTORES DE VENDAS GANHAM ATRAVÉS DA EQUIPE.

Quais são as implicações de deixar de ganhar por esforço próprio e passar a ganhar através de seu pessoal? Pense nisso sob perspectivas filosóficas e práticas.

Vamos direto ao ponto, começando por um aspecto extremamente relevante: o *ego*. Em vendas, ter um ego saudável, ou até um pouquinho *exagerado*, é algo positivo. Mas, em um papel de gestão, nem tanto. Um ego forte, que na verdade é vantajoso para o produtor individual, pode ser fatal quando se manifesta em um líder.

Tudo bem quando um vendedor anseia pelos holofotes, deseja crédito e se sente energizado e motivado pelo reconhecimento. É perfeitamente compreensível. Na verdade, é algo não apenas aceito; em muitos ambientes, chega a ser estimulado. Mas o mesmo não ocorre com o gestor. O líder com um ego grande demais se torna um problema muito rápido. Quem quer trabalhar para alguém que está constantemente em busca de um tapinha nas costas? Ou pior, que deseja ficar com todos os louros? Nada mata uma cultura ou o moral de uma equipe de vendas mais rápido do que um gestor egocêntrico, que se autopromove e quer bancar o herói sempre.

Além de conter o ego, há outra mudança filosófica significativa exigida na transição para o cargo de gestão de vendas.

DE EGOÍSTA A ALTRUÍSTA

Quando passei de vendedor de alta produtividade a gestor de vendas, o ajuste mais difícil e mais amplo foi a necessária transição de uma abordagem muito *egoísta* para uma verdadeiramente altruísta.

Eu sempre lembro aos vendedores que a palavra *egoísta* tem má reputação. Desde pequenos somos instruídos a não ser egoístas. Nós devemos compartilhar. Compartilhar nossos biscoitos. Compartilhar nossos brinquedos. E, enquanto adultos no mundo dos negócios, somos constantemente lembrados de que devemos ser bons cidadãos corporativos, trabalhar em equipe e colaborar.

Tudo muito bacana, mas minha orientação enfática (e contrária) a vendedores em busca de mais produtividade é que eles realmente precisam ser mais egoístas, mas de um jeito positivo. Vendedores de alto desempenho são aqueles a quem chamo de *egoisticamente produtivos*. Eles controlam suas agendas. Eles se concentram como loucos em atividades mais rentáveis que criam, desenvolvem e fecham (os únicos três verbos que interessam) vendas! Eles não têm problemas em dizer "não" para quem quer colocar trabalho extra nas suas costas. Eles sorriem e respondem com um "não, obrigado" quando convidados a participar da comissão da festa de fim de ano.

A verdade desconfortável que a maioria dos RHs não quer ouvir é que vendedores de alto desempenho não são o tipo de funcionário colaborativo que aparece nas floreadas descrições de emprego. Eles são profissionais implacáveis e egoístas que dominaram a habilidade de permanecer focadíssimos nas atividades de maior rendimento, aquelas que fazem a diferença e levam a melhores resultados.

Isso era instintivo para mim, um captador de vendas superprodutivo. Sempre que eu estava a todo vapor, ficava focado como um cavalo de corrida puro-sangue na pista e não me distraía nem me desviava da linha de chegada. E quando minha agenda estava reservada para o desenvolvimento de novos negócios externos, eu chegava ao ponto de botar uma placa na porta da sala (ou nas costas da minha cadeira antes de ter um escritório com porta) que dizia: EM LIGAÇÃO DE VENDAS: NÃO PERTURBE.

Na área de vendas o tempo é a commodity mais preciosa, e quando ele é gasto ou desperdiçado, não volta mais. Então se você era um vendedor extremamente bem-sucedido antes de virar gestor de vendas, é uma aposta bem segura supor que você se tornou altamente habilidoso em resguardar seu tempo. No entanto, embora a disciplina necessária para fazê-lo seja muito relevante para o cargo, na prática a coisa é bem diferente.

Um dos maiores desafios dos gestores recém-promovidos é fazer essa mudança de mentalidade de *colaborador individual/porta fechada* para a de *líder de equipe/porta aberta*. Ao passo que é fácil estudar o assunto e entender a mudança necessária no nível intelectual, adotar essa nova postura e vivê-la na prática é infinitamente mais difícil. Pelo menos foi para mim e para muitos dos novos líderes de vendas que treinei.

Apresento, então, algumas dicas práticas e fáceis de implementar. Elas vão ajudá-lo a alcançar o sucesso com o apoio da sua equipe e a mudar da mentalidade egoísta para a altruísta:

1. Horário de escritório. Reserve regularmente algumas horas por semana para estar disponível no escritório, simples assim, como fazem os professores universitários. Informe à sua equipe que você reservou esse tempo para ela. A porta da sua sala deve estar aberta (seja física ou virtualmente), e você deve encorajar seus liderados a entrar (ou telefonar, ou fazer uma reunião on-line) sempre que necessário. Sua agenda estará livre para isso e você estará disponível para abordar qualquer assunto.

Você pode se chocar com o quanto essas horas de escritório se tornam altamente produtivas e o quanto a equipe aprecia a oportunidade de levar a você perguntas, desafios ou até sua própria solidão. Essas sessões são mutuamente edificantes e energizantes, e é por isso que é surpreendente que muitos gestores (em todas as áreas das empresas) não reservem tempo para algo tão simples, recompensador e produtivo. Com frequência ofereço horas de escritório para meus liderados, e nunca saí de uma dessas sessões decepcionado, achando que foi uma perda de tempo.

2. Marque reuniões individuais de mentoria e observação. Mergulharemos mais fundo nas melhores práticas de mentoria e trabalho em equipe no Capítulo 4, mas, por enquanto, vamos começar com isto: sem dúvida, uma das atividades mais impactantes de um gestor é trabalhar individualmente com os membros da equipe. Em geral, apenas estar com eles é por si só valioso, e ainda há a oportunidade de compartilhar observações, dar feedbacks, treinar suas habilidades e muito mais.

Vejo muitos gestores privando a si e a equipe dos benefícios dessas sessões de trabalho colaborativo. Eles simplesmente não tomam a atitude de arrumar tempo para fazer uma reunião individual com cada membro da equipe. É lógico que bons gestores entram em cena sempre que há uma crise, uma grande oportunidade ou quando alguém está com problemas; mas afirmo que estão privando a si e toda a equipe dos enormes benefícios gerados por simplesmente passar algum tempo com eles enquanto fazem seu trabalho. Sugiro que você não apenas declare que acredita que treinar e observar os funcionários é uma prioridade. *Demonstre isso!* Antes que sua agenda se encha de outras tarefas (menos essenciais), antecipe-se e marque reuniões individuais com cada um, até com seus representantes de vendas de melhor performance.

3. Seja carinhoso e atencioso com seus vendedores da mesma forma que é com seus clientes. Não fui eu que inventei isso. Por anos, ouvi excelentes líderes falando da importância de tratar a equipe como se fossem seus clientes. Como vendedores, todos entendemos a importância de preservar e desenvolver relacionamentos com clientes. Como gestores, o mesmo deve acontecer com nosso pessoal!

Isso significa demonstrar com ações que nós nos importamos. Não é uma tentativa de fazer microgerenciamento, mas sim interesse de verdade. Fazemos contato para que nossos liderados saibam que estamos pensando neles não só na hora de dar ordens. Quando vemos alguma notícia que possa interessá-los, ou algo sobre seu time favorito, enviamos uma mensagem com o link e dizemos: "Lembrei de você."

Lembre-se: estamos liderando humanos, não robôs. Relacionamentos importam. E, como falarei com mais detalhes no Capítulo 9, gestores não costumam ter noção do tamanho do espaço emocional e mental que ocupam na vida de seus liderados. Essa grande responsabilidade merece ser analisada mais a fundo.

Por enquanto, permita-me sugerir esta dica prática: anote em um diário os gostos pessoais dos membros da sua equipe. Hobbies, interesses, times para os quais torcem, aspectos familiares. Recorra a essas anotações com frequência para pescar algum acontecimento ou notícia que possa interessá-los. Sei que pode parecer bobagem, mas eles não vão achar trivial que você se lembre do aniversário de um de seus filhos ou da data de falecimento de um de seus pais. Isso demonstra que você se importa e que está interessado nele não só como funcionário, mas como pessoa.

Ah, e siga o pessoal nas redes sociais. É por meio delas que você poderá saber de acontecimentos-chave na vida deles. Não, isso não é *stalkear*. Isso é ser inteligente! Hoje, enquanto escrevo este capítulo, um colega postou no Instagram que a filha havia saído de casa para começar a faculdade. Isso me deu a chance de mandar uma mensagem de incentivo, dizendo que cada lágrima derramada hoje é válida e bonita, e criou a oportunidade de nos conectarmos em torno de uma experiência em comum. Assim agem as pessoas empáticas: elas demonstram que se importam. E também é exatamente assim que agem os grandes líderes.

A TENDÊNCIA DE FAZER EM VEZ DE LIDERAR, TREINAR E COBRAR RESPONSABILIDADE

Antes de seguirmos adiante para dominar o aspecto mais importante na gestão de uma equipe de vendas (garantir que o pessoal realmente faça o trabalho), quero compartilhar uma última reflexão a respeito do que o seu novo cargo *não* é.

Os melhores vendedores estão sempre em ação. Na verdade, eles são proativos. Eles entendem que seu trabalho é *fazer*; que é de sua inteira responsabilidade possibilitar que as coisas *aconteçam*; que são eles os responsáveis por criar, desenvolver e fechar oportunidades de vendas; e que eles *controlam* os resultados. Esses vendedores olham no espelho e dizem: *Deixa comigo. Eu dou conta*. Eles não apontam dedos nem arrumam desculpas. Mais uma vez, esses vendedores de alta performance têm internalizado que, se algo precisa acontecer, são *eles* que vão fazer acontecer (mesmo que isso exija ações heroicas).

Não é um problema que vendedores vejam a si mesmos como *heróis*, mas muitas vezes eles carregam essa mentalidade quando assumem o cargo de líder de equipe. Faz sentido. Grande parte de seu sucesso individual tem justamente a ver com ter cumprido bem o papel de herói. Esses vendedores de alta performance fizeram o que foi necessário para se destacar, e é natural que perpetuem essa mentalidade quando se transformam em gestores.

O problema, porém, é que o trabalho do gestor de vendas não é bancar o super-herói da equipe. Em nenhuma descrição de vaga para o cargo de chefia se vê listado como expectativa: "Quando estiver em dúvida, entre em ação e faça o trabalho de seu pessoal por ele." Mas como assumir responsabilidades é exatamente o que a maioria de nós fez enquanto éramos da equipe de vendas, é natural que automaticamente façamos o mesmo como gestores. Nós entramos em ação. Nós nos metemos no meio de todas as vendas. Nós fazemos seja lá o que consideremos necessário para vencer.

Mas o que funcionou maravilhosamente bem para nós em nossas antigas funções, cria situações desastrosas e insustentáveis quando nosso novo papel passa a ser *liderar* uma equipe. Coisas muito, muito ruins acontecem quando gestores de vendas se veem como heróis da equipe e tentam fazer o trabalho de todo mundo em vez de liderar, treinar e atribuir responsabilidades às pessoas. O gestor que banca o herói não é tangível nem sustentável, além de criar diversos outros problemas e armadilhas que prejudicam a cultura da empresa, afastam os melhores talentos e transformam sua própria vida em um verdadeiro inferno. Minha esperança é que esse alerta tenha feito você parar e pensar se já começou ou não a seguir por esse caminho perigoso tão cedo em sua nova carreira. No Capítulo 5, falarei mais a respeito das causas e consequências desse comportamento, e de como ele limita uma carreira e prejudica a qualidade de vida do profissional.

3
Sua primeira missão é garantir que a equipe faça o trabalho dela

No começo da minha carreira de gestor de vendas, eu era completamente alheio ao fato de que vendedores precisam ser responsabilizados e que um grande percentual do *meu* trabalho era garantir que a equipe estivesse fazendo o trabalho *dela*.

Hoje em dia eu sorrio e acho graça ao me lembrar da minha ingenuidade. Eu estava empolgado com aquela primeira oportunidade de atuar em uma posição de liderança. Estava energizado pela chance de investir nas pessoas que tinham sido confiadas a mim. Fiquei ansiosíssimo para treinar vendedores, algo que sempre amei fazer. Mas, por alguma razão, aquele gestor de primeira viagem estava totalmente alheio ao fato de que pessoas, especialmente *vendedores*, precisam ser gerenciadas... e que grande parte de toda gestão é responsabilizá-las.

Aspiramos à liderança, sim, mas sejamos honestos: ninguém quer ser visto como um *gestor*. Ser um coach? Beleza! Ser um líder ou mentor? Com certeza! Todos nós não aspiramos à liderança? Mas ser um gestor? Hum, não, obrigado!

Pois bem, a verdade é que ocupar um cargo de gestão exige *de fato* ter que gerir pessoal. Loucura, né? Pois é, mas nem por um segundo confunda uma gestão adequada — que inclui responsabilizar as pessoas por fazerem o trabalho delas e alcançar resultados — com microgerenciamento. Boa gestão em vendas e responsabilização adequada não têm *nada a ver* com microgerenciamento!

Quando olho para meu batismo de fogo em gestão de vendas, duas décadas atrás, e avanço para o dia de hoje, não deixo de perceber a ironia de que passo mais tempo falando de responsabilização do que qualquer outra coisa com líderes de vendas. Vou repetir aquela afirmação para dar ênfase: quando estou dando mentorias, palestras, ministrando workshops ou programas de treinamento, nenhum tema recebe mais tempo, atenção e espaço do que responsabilização. Por que isso? Porque nosso trabalho mais importante é garantir que as pessoas responsáveis por produzir receita para nosso negócio estejam fazendo o trabalho delas. Ponto.

> NOSSO TRABALHO MAIS IMPORTANTE É GARANTIR QUE AS PESSOAS RESPONSÁVEIS POR PRODUZIR RECEITA PARA NOSSO NEGÓCIO ESTEJAM FAZENDO O TRABALHO DELAS.

RESPONSABILIZAÇÃO NÃO É UM TEMA ATRAENTE

Se você pesquisar o que é publicado sobre vendas hoje em dia, especialmente no LinkedIn, verá muito pouco sobre responsabilização. Sabe por quê? Porque esse assunto não é atraente. Ele não recebe muita atenção nem atrai muitos olhares. Já "como treinar vendedores" é um assunto bem popular. E nos últimos cinco anos, mais ou menos, a capacitação de vendedores tem sido muito abordada. Em busca de visualizações, curtidas e cliques, pessoas do ramo do aperfeiçoamento em vendas escrevem artigos com títulos do tipo "Que tecnologias você tem à disposição?".

Há diversas razões para que o tópico "capacitação em vendas" permaneça em alta. Primeiro e mais importante: há centenas, se não milhares, de vendedores de ferramentas de vendas investindo milhões e milhões de dólares para promover suas soluções. Sua missão é simples e transparente. Cada um desses fornecedores está tentando criar o chamado FOMO [do inglês *fear of missing out*, "medo de ficar por fora"]. Eles, e os investidores financeiros por trás do negócio, querem desesperadamente que você acredite que, para você e sua equipe de vendas terem sucesso, é primordial que disponham das melhores e mais novas ferramentas e brinquedos disponíveis. Trocando em miúdos: se você não está alcançando resultados excelentes em vendas neste momento, é porque ainda não tem a mais nova tecnologia revolucionária do mercado!

Acredite em mim, eu sei do que estou falando. Entendo bem o FOMO, em especial quando tem a ver com golfe. As únicas pessoas nesse mundo melhores em promover novos brinquedos do que vendedores de ferramentas de vendas são fabricantes de equipamento de golfe! Por que diabos eu iria querer fazer o trabalho entediante e nem um pouco atraente de aperfeiçoar minha empunhadura ou a precisão das minhas tacadas se sou constantemente seduzido por anúncios oferecendo tacos criados por inteligência artificial, mais lenientes e com tacadas mais longas? Por que devo me encontrar com meu treinador, fazer aulas e aperfeiçoar a execução dos fundamentos quando é muito mais divertido (e fácil) apenas comprar um novo equipamento? Além disso, as marcas de equipamentos de golfe me convenceram de que não tenho como melhorar meu jogo sem essas últimas criações maravilhosas. Não apenas sou seduzido pelo atalho que elas oferecem (para acrescentar vinte jardas ao meu drive e reduzir minha pontuação), como elas também conseguem me convencer de que sem seus equipamentos caros vou estar por fora.

São esses os mesmos sentimentos que nos atrapalham como líderes de vendas. Distraídos por objetos brilhantes e soluções potencialmente rápidas, seguimos o *hype*. Mas não tire conclusões precipitadas: não estou, de forma alguma, sugerindo que ferramentas de vendas são ruins ou desnecessárias. Pode ser ótimo para a sua equipe ter mais *recursos* à disposição. No entanto, uma coisa posso dizer com certeza absoluta: nunca vi um gestor ou equipe de vendas fracassar por não ter as mais novas e maravilhosas ferramentas e tecnologias. Então, da mesma forma que devo tomar cuidado para não ser sugado pelo *hype* dos novos tacos de golfe e o que eles fariam por meu jogo, digo que seria bom você ser cauteloso com as falsas promessas das ferramentas de vendas, com suas soluções mágicas para superar todos os seus problemas.

> NUNCA VI UM GESTOR OU EQUIPE DE VENDAS FRACASSAR POR NÃO TER AS MAIS NOVAS E MARAVILHOSAS FERRAMENTAS E TECNOLOGIAS.

Outra armadilha comum para novos gestores é a falsa crença de que treinar vendedores tem a mesma função de responsabilizá-los. Esse equívoco muito comum é exatamente o motivo para eu estar sendo muito específico no título deste capítulo e do próximo.

Responsabilizar as pessoas por realizar o trabalho delas (produzir resultados) e treiná-las para fazê-lo melhor são duas atividades completamente distintas do trabalho do gestor e, a meu ver, as de maior impacto e melhor resultado.

Há uma razão muito específica para frisarmos tanto a responsabilização e o domínio das reuniões entre o gestor e cada vendedor no que diz respeito ao treinamento da equipe. Ser mentor ou coach (investir em nosso pessoal) é extremamente importante. Meu aviso aqui, porém, com base em anos de experiência ajudando a aumentar a eficácia da gestão de vendas, vem de observar que a maioria dos gestores prefere ser coach. Se nos fosse dado o poder de escolha, certamente escolheríamos uma conversa de coaching em vez de uma sessão de responsabilização com foco em resultados. Por quê? Porque como tivemos anteriormente muito sucesso em vendas, é natural para nós "modelar" o comportamento que estamos procurando ou "treiná-lo".

É compreensível que façamos isso, e acho que nossa motivação é boa. Agimos assim com a melhor das intenções. Nós queremos ajudar. Queremos ver a equipe ter sucesso, e esse desejo é sincero e bonito! O problema é que essa vontade de ajudar quase sempre supera nossa disposição de responsabilizar as pessoas. E para que todos nós, como equipe, tenhamos sucesso no longo prazo, é preciso que cada vendedor carregue o fardo de se responsabilizar por seus resultados. Sobre o gestor recai a responsabilidade de tornar o mais evidente possível para o vendedor que ele, e somente ele, está incumbido de produzir resultados e atingir suas metas de vendas. É por isso que nosso primeiro e mais importante trabalho é garantir que as pessoas estejam de fato fazendo o trabalho delas! Depois de estabelecermos uma cultura de alto desempenho com foco em resultados, tendo a responsabilização como valor central, podemos rapidamente passar a ajudar nossos vendedores a se aperfeiçoarem. A responsabilização precede o treinamento assim como este capítulo precede o próximo.

RESPONSABILIZAÇÃO É BOM, E BONS VENDEDORES QUEREM SER RESPONSABILIZADOS

Antes de começar a falar sobre as abordagens e técnicas para criar uma cultura de responsabilização e conduzir reuniões individuais eficazes com cada colaborador, vamos desfazer um equívoco comum. A responsabilização é uma coisa boa. Não é golpe baixo, errado, desestimulante nem politicamente incorreto revisar resultados com nossos vendedores nem publicar, postar ou distribuir relatórios de vendas. Por favor, volte e releia a última frase, porque é fundamental que, na posição de gestor, você acredite e defenda o conceito de que responsabilizar as pessoas é algo bom, não ruim.

Trabalhei com inúmeros gestores de primeira viagem que assumiram o cargo e passaram a gastar uma quantidade enorme de energia mental se preocupando com esse assunto. Eles afirmam que ficam desconfortáveis responsabilizando vendedores porque ainda não "conquistaram" esse direito. Ou dizem coisas como: "Sinto que preciso construir um relacionamento com a equipe antes de me sentar com eles para revisar resultados." Ou então dizem que, por serem novos no cargo, ainda não se sentem prontos para botar um vendedor veterano à prova.

Eu entendo. E ao mesmo tempo que entendo a hesitação e aprecio o desejo de construir relacionamentos sólidos com os membros da equipe, não acho que isso torne essa falsa crença mais correta. Em outras palavras, o fato de você ainda não estar pronto para ter conversas baseadas em dados, fatos e resultados com os membros de sua equipe não diminui a importância nem a eficiência delas!

Se você se identificou com os parágrafos anteriores e ficou um pouco ansioso, trago boas notícias. A maioria dos vendedores *quer ser* responsabilizada. Eles entendem que vendas têm a ver com resultados. Bons vendedores gostam quando o líder comunica expectativas claras e ajuda a mantê-los em dia com o andamento das metas.

Sejamos honestos: os melhores vendedores são competitivos. Eles registram seus resultados. Na verdade, o próprio fato de haver uma ficha de controle (um relatório de vendas) os motiva. Vendedores de verdade querem estar sempre cientes de como estão em relação às próprias metas e às dos colegas. Isso é uma das coisas que os motivam.

Mas será que você consegue adivinhar quais vendedores não gostam quando o relatório de vendas é publicado? Quem da equipe não vai gostar das reuniões individuais curtas e regulares, com foco nos resultados, que estou prestes a recomendar? Isso mesmo, aqueles com resultados ruins.

Um dos meus clientes executivos de vendas favorito (muito talentoso e eficiente) costuma dizer: "Vendedores com problemas gostam de conversar sobre tudo, menos sobre seus resultados." E é exatamente por isso, meu amigo gestor, que é importantíssimo adotar uma frequência regular de reuniões individuais, com foco em responsabilização e alcance de metas, se esperamos criar uma cultura de vendas saudável e de alto desempenho e gerar mais vendas.

A RESPONSABILIZAÇÃO DEVE SER INCUTIDA INDIVIDUALMENTE

Sou um forte defensor de reuniões bem estruturadas com equipes de vendas e acredito que elas têm um papel importante na criação de uma cultura saudável. Elas fomentam a camaradagem, promovem uma competição saudável, criam espaço para o compartilhamento de boas práticas e possibilitam desafios de brainstorm. Com elas, é possível uma melhor visualização, alinhamento, treinamento e motivação da equipe de vendedores. Mas (e este é um *grande* "mas"), na opinião deste autor, elas não são o ambiente ideal para responsabilizar as pessoas.

Outros vão discordar e defender veementemente que as reuniões de vendas regulares são a oportunidade perfeita para responsabilizar a equipe coletivamente. Quem pensa assim acha que a pressão dos pares é uma força positiva e que o desejo de não passar vergonha diante dos outros motiva o desempenho das pessoas. Peço que me desculpem, mas acho essa abordagem patética.

Por favor, não me entendam mal. Não sou contra a exibição de relatórios de vendas durante reuniões de equipe nem elogiar os vendedores que estão indo bem. De jeito nenhum. Divulgue os resultados e elogie aqueles que têm mostrado um desempenho excepcional. Essa é uma boa prática que em geral está bem distante da realidade de muitos gestores e suas equipes. Infelizmente, porém, em algumas organizações é comum ressaltar maus desempenhos na reunião da equipe e forçar os vendedores medianos a explicar seus resultados ruins para seus pares. Fico arrepiado só de digitar isso. Vender já é difícil o bastante sem que o vendedor seja desvalorizado por seu gestor e envergonhado publicamente diante de seus pares. Quem quer trabalhar em um ambiente assim?

Em meus workshops de vendas ou gestão de vendas costumo exibir trechos divertidos de filmes para ressaltar um ponto ou outro. De vez em quando, algum gestor de vendas presunçoso e bajulador pergunta lá da última fileira por que não uso trechos de *O sucesso a qualquer preço*, um filme clássico, triste e sombrio de 1992. Para quem não assistiu, nesse filme Alec Baldwin interpreta um importante e experiente executivo de vendas contratado para alavancar uma empresa com problemas. Em sua primeira reunião com a equipe, ele diz a célebre e muito citada frase: "Café é apenas para quem vende." Ele, então, entra em um discurso desumanizante e desrespeitoso, dizendo aos vendedores com todas as letras que eles são perdedores e que deveriam começar a vender mais se quisessem manter o próprio emprego.

Por que eu não mostro trechos desse filme? Porque não há o que aproveitar dele. É sombrio, é antiético, não tem graça e não ajuda em nada. Sinceramente, esse filme é o exemplo perfeito de como não tratar a equipe ou liderar suas reuniões! E essa opinião vem do mesmo cara que está dizendo que responsabilizar as pessoas por fazer o trabalho delas é a sua missão mais importante.

Antes de falarmos sobre como conduzir reuniões individuais de responsabilização altamente eficazes, permitam-me uma palavrinha rápida sobre o que as reuniões de equipes de vendas *devem* alcançar. Há uma pergunta simples e binária para avaliar se suas reuniões são de fato produtivas. Costumo forçar gestores a fazer essa pergunta simples como um teste eficiente de produtividade: seus vendedores saem da reunião da equipe de vendas com mais energia e mais bem preparados para vender? Sim ou não? Mais uma vez, o conceito é binário. Ou eles deixam, sim, a reunião com mais energia e mais capacitados para ter sucesso, ou não, eles vão embora com menos energia e menos aptos a fazerem um bom trabalho.

Depois de várias décadas observando reuniões de equipes de vendas, eu defendo, sem reservas, que atacar as pessoas por desempenho ruim e forçá-las a ver os resultados detalhados e as revisões de pipeline de seus pares não energiza nem capacita ninguém. Então, em vez de glamorizar e adotar a abordagem hollywoodiana de Alec Baldwin, vamos concordar que o velho ditado a seguir é um conselho muito sólido: elogie em público, critique ou corrija em particular.

CRIE UMA ESTRUTURA À PROVA DE IDIOTAS PARA PROMOVER A RESPONSABILIZAÇÃO SEM DESMOTIVAR OU MICROGERENCIAR

Acompanhe o meu raciocínio. O que descreverei a seguir é uma fórmula à prova de idiotas para criar uma cultura de vendas de alto desempenho, garantir que os vendedores atinjam seus resultados e manter um pipeline cheio e saudável. E a melhor parte? Você pode fazê-lo dedicando quinze minutos por mês (ou por semana, dependendo de seu ciclo de vendas) para cada vendedor, e tudo isso sem ser um babaca, sem desmotivar os liderados ou ser visto como alguém que microgerencia.

Isso não é sonho. Já vi acontecer inúmeras vezes em equipes de vendas de todos os tamanhos em diversas indústrias. Reuniões individuais regulares, formais, pré-agendadas e com foco em responsabilização por resultados e pipeline é a atividade de gestão mais recompensadora e de maior impacto.

> REUNIÕES INDIVIDUAIS REGULARES, FORMAIS, PRÉ-AGENDADAS E COM FOCO EM RESPONSABILIZAÇÃO POR RESULTADOS E PIPELINE É A ATIVIDADE DE GESTÃO MAIS RECOMPENSADORA E DE MAIOR IMPACTO.

Quando bem executada, essa atividade sozinha tem o poder de transformar toda a cultura e os resultados.

Antes de abordar como exatamente faremos isso, proponho uma pausa para examinarmos essas três palavras-chave: regular, formal, pré-agendada. Cada uma delas é essencial.

Regular tem a ver com frequência. Pegando emprestado do dicionário, essa definição explica primorosamente o significado: "um padrão constante ou definido, em especial com o mesmo espaço entre as ocorrências individuais." Regular significa que algo é feito com regularidade, não quando der na telha. Não de vez em quando. Não apenas quando você tem vontade. Ou quando você tem tempo.

Ou quando alguém está com problemas. Não esporadicamente. Com regularidade.

Formal tem a ver com o tom. Essa reunião é planejada, é profissional. Não é um papo de corredor. Não é uma mensagem de texto. Não é um e-mail às duas da madrugada com um tom questionável. É uma reunião formal, seja ela pessoalmente, por telefone ou virtual.

Pré-agendada tem a ver com compromisso. Essa reunião é colocada na agenda com antecedência. É priorizada, não uma decisão de última hora. Pré-agendada, isso é, sem surpresa. As duas partes sabem que o encontro vai acontecer e chegam preparadas para isso.

O capítulo mais popular do meu livro *Sales Management: Simplified* é o 20, e peço seu perdão por tomar muita coisa emprestada dele a partir deste ponto. Nesse capítulo, ensino o conceito mais poderoso, eficaz e básico, e vi culturas e resultados serem transformados com a simples implementação da progressão de responsabilização que defendo nele. Algo maravilhoso e poderoso acontece quando o gestor examina os resultados, o pipeline e a atividade (nessa ordem específica) de um vendedor.

O simples ato de se sentar formalmente com cada vendedor todos os meses — não para treinamento, não para ouvir desculpas, não para que os vendedores peçam ao gestor que faça seu trabalho — e 1) estimular o vendedor a se responsabilizar pelo que produziu (resultados), 2) descobrir em que ele está trabalhando para produzir resultados melhores no futuro (pipeline) e 3) no que ele se concentrou (atividade) para gerar e promover oportunidades é transformador.

Dito isso, prometo a você que:

Nenhuma ferramenta, nenhum truque, nenhum treinamento produzirá o mesmo resultado do que fazer direito seu trabalho mais importante: responsabilizar os vendedores pelo trabalho deles.

A ORDEM DOS FATORES ALTERA O PRODUTO: RESULTADOS, PIPELINE E ATIVIDADE

Neste caso específico, a ordem dos fatores altera, sim, o produto. Toda reunião individual deve começar com foco em resultados. Por quê? Porque vendas têm a ver com resultados. Resultados é aquilo que mais nos importa, então começamos as reuniões de responsabilização com nossos vendedores examinando junto com eles os resultados individuais de cada um.

Resultados em comparação com as metas. Resultados em comparação com o ano anterior. Resultados em comparação com os dos outros membros da equipe. Resultados, ponto.

Podemos revisar aspectos como: faturamento total; número de contas novas abertas ou adquiridas; percentual bruto de margem; margem bruta em dinheiro; percentual da cota atingido; fatia de mercado obtida; crescimento em comparação com o mês ou ano anterior; objetivos de vendas cruzadas; penetração da conta; categoria específica de produto; número de unidades vendidas; ranking relativo em comparação com outros vendedores ou divisões...

Acho que deu para entender. Os primeiros minutos dessa reunião curta devem ser usados para examinar dados. Números de verdade. Resultados de verdade. Porque algo maravilhoso acontece quando lançamos a luz da verdade sobre o desempenho real de um vendedor. É uma forma rigorosa e poderosa de lembrá-lo de que seu emprego é diferente dos demais. Vendedores não são avaliados pela quantidade de trabalho executado e não necessariamente sequer pelo próprio esforço. Repito: vendas têm a ver com resultados, e por isso é imperativo que a responsabilidade pela produção de resultados recaia inteiramente sobre o vendedor.

Se os resultados forem ótimos, elogiamos e parabenizamos o vendedor antes de seguir para a análise do seu pipeline. Por outro lado, se os resultados não aparecem — a pessoa perdeu o mês ou está atrás da meta esperada para o trimestre, ou não alcançou o objetivo de crescimento de território ou de contas, ou seu ranking relativo em comparação com a equipe piorou, etc. — devemos fazer uma simples pergunta: o que aconteceu? O vendedor sente a pressão quando o desempenho é exposto e se vê na desconfortável posição de ter que racionalizar ou explicar por que os resultados dele não foram tão bons quanto os dos demais.

Reforçando, essa é uma conversa racional com base em dados. Estamos olhando para números em comparação com metas e deixando que eles contem a história. Não há necessidade de levantar a voz, ameaçar ou usar palavrões, nem de empregar recursos dramáticos histriônicos como faz o personagem de Alec Baldwin em *O sucesso a qualquer preço*. Nosso objetivo é simples: confrontar nossos vendedores com seus próprios resultados. Se esses resultados são maravilhosos, nós os parabenizamos e os elogiamos brevemente. Se são insatisfatórios, deixamos que eles sintam o peso de ter um desempenho ruim.

Seja qual for o desempenho, não vamos nos demorar na fase de análise de resultados, pois não podemos mudá-los. Nesse momento, os resultados são notícia velha; são história. Os números no relatório são um fato, e não há nada que possamos fazer para alterar o passado. Mas com certeza podemos influenciar o desempenho futuro, e é por isso que passaremos a maior parte da reunião individual nas duas fases seguintes.

Depois dos resultados, podemos seguir para a fase do pipeline, e defendo que essa seja a etapa mais demorada.

Pipeline é um termo muito comum em vendas, mas seu significado varia a depender da indústria ou da empresa. Em nome da simplicidade e para nossos propósitos aqui, vamos definir pipeline de forma genérica e ampla. Vamos considerá-lo um repositório, ou funil, de todos os acordos/oportunidades/propostas/cotações em potencial em que um vendedor em particular está trabalhando para fechar vendas. E nessa fase em particular da reunião de responsabilização com cada vendedor, queremos examinar a saúde do pipeline do vendedor a fim de garantir que ele seja saudável o suficiente para que a meta de vendas individual seja batida ou superada.

Afirmo que tempo gasto falando sobre pipeline nunca é demais. O pipeline é tudo. É o oxigênio do negócio! É o fluxo de caixa futuro. Como líder de vendas, não estou preocupado com praticamente mais nada do que a saúde do pipeline. Um pipeline de oportunidades de vendas saudável, equilibrado e em movimento cura quase todos os problemas em vendas. Então é crucial que, a cada reunião individual, se avalie a saúde geral do trabalho do vendedor com profundidade. Existem oportunidades/acordos suficientes para ficar extremamente confiante de que o vendedor atingirá sua meta mensal, trimestral ou anual? E, junto com a análise completa do pipeline, também é bom ficarmos de olho nos *acréscimos* e *avanços*. Quase tão relevante quanto acompanhar o pipeline é entender se os vendedores estão criando oportunidades no alto do funil e também *avançando* as oportunidades existentes que já estavam no pipeline.

Mais uma vez, reforço que a reunião individual é uma conversa baseada em dados, e vamos revisar os números reais do pipeline (dados) com cada membro da equipe. Nós não estamos interessados em ouvir sobre o quanto eles estão empolgados, o quanto estão trabalhando duro ou como seus clientes supostamente os amam. Nosso interesse reside apenas nos fatos do pipeline:

1. O pipeline é suficiente? Com sua taxa de fechamento típica, há negociações e valores propostos para o vendedor provavelmente alcançar sua meta do período seguinte?

2. O funil recebeu um acréscimo suficiente de novas oportunidades? Esse vendedor está criando novas oportunidades suficientes para manter o pipeline cheio?

3. Quantas das oportunidades existentes avançaram para mais perto de uma venda?

Depois de revisar toda a cobertura do pipeline, as oportunidades criadas e as oportunidades desenvolvidas, gestor e vendedor têm uma ideia muito nítida da saúde objetiva do pipeline desse vendedor. Não estamos trabalhando mais com "achismos", e sim lidando com dados. E se os dados são bons — oportunidades em número e tamanho suficientes para atingir metas futuras —, então essa reunião individual de responsabilização está encerrada. Não há necessidade de examinar o nível de atividade de um vendedor se o pipeline está saudável e repleto de boas oportunidades.

Mas, se depois da análise o gestor não está confortável com os dados apresentados, não há escolha além de prosseguir para a fase seguinte, que é a *atividade*. Eis como podemos fazer a transição:

> Sara, tendo examinado seu pipeline com você, acho que nós dois podemos ver que não há o suficiente para termos certeza de que você vai atingir sua meta para o próximo período [semana/mês/trimestre], certo? Na verdade, com base nos dados que estamos observando, é provável que você fique bem abaixo dela para a/o [semana/mês/trimestre]. E com um pipeline fraco assim, não temos escolha a não ser analisar mais profundamente o seu nível de atividade.

Acho que agora você está começando a entender como a progressão de responsabilização funciona e por que a ordem dos fatores é tão importante, certo? Resultados, pipeline, atividade. Ninguém quer ser questionado sobre sua atividade e, sinceramente, nós na verdade também não devíamos nos importar com isso. Que tipo de adulto gosta que lhe peçam para explicar como passou seu tempo? É péssimo.

Quando os vendedores entendem a progressão, e que o gestor de vendas só vai perguntar sobre seu nível de atividade quando for forçado a isso (diante de um pipeline fraco), eles reconhecem totalmente que isso não tem nada a ver com microgerenciamento. Eles entendem que não estamos perguntando sobre sua atividade à toa, mas sim porque não temos escolha diante de resultados e pipeline insuficientes.

CINCO CHAVES PARA MAXIMIZAR A EFICÁCIA DE NOSSAS REUNIÕES INDIVIDUAIS DE RESPONSABILIZAÇÃO

1. ESSA REUNIÃO É *SUA*, NÃO DO VENDEDOR

Permaneça focado na progressão: examine resultados (tendo em vista as metas e o desempenho do vendedor em comparação com os dos outros membros da equipe). Examine a saúde geral do pipeline e pergunte sobre as oportunidades criadas e o progresso daquelas que já existiam.

Se os resultados não apareceram e o pipeline é insuficiente (sem negociações nem busca de oportunidades, nem progresso nas oportunidades já existentes), siga para a fase 3: *atividade*.

Permaneça focado na progressão e não permita que o vendedor vire a mesa ou enrole você para fazer o trabalho dele em seu lugar. Essa reunião não é dele e também não é uma mentoria (ver a próxima dica).

2. FAÇA UMA REUNIÃO CURTA E SE CONCENTRE EXCLUSIVAMENTE NA RESPONSABILIZAÇÃO

É lógico que você está observando, treinando e sendo mentor de seu pessoal, mas essa reunião individual de responsabilização não é a hora nem o lugar para isso. Lembre-se de que as reuniões mais eficazes são curtas e focadas em uma coisa: responsabilização! Resista à tentação de começar a treinar seu vendedor em oportunidades específicas ou habilidades de vendas. Muito do poder transformador desse encontro individual deriva de seu propósito ser singular: botar o vendedor na berlinda com dados/fatos sobre seus resultados reais, a saúde de seu pipeline e, quando necessário, seu nível de atividade. Ela provavelmente revelará oportunidades de coaching e treinamento, mas no futuro agende encontros dedicados exclusivamente a esse fim. Na reunião individual sobre resultados, deixe que a responsabilização se destaque e lembre-se de que esse é o momento de você e seus vendedores se concentrarem exclusivamente na progressão de responsabilização. É assim que você mantém a reunião com apenas dez ou 15 minutos de duração por pessoa e maximiza seu impacto.

3. ESSE É UM DIÁLOGO COM BASE EM DADOS (FATOS), NÃO EM EMOÇÕES

Mesmo com um vendedor abaixo da média esperada, essa reunião certamente pode ser conduzida com um sorriso ou um tom positivo. Não há necessidade de levantar a voz, usar palavrões ou fazer ameaças. Gestores que preferem evitar conflitos podem perfeitamente conduzir a conversa sem precisar confrontar seus funcionários. Estamos simplesmente analisando fatos, e as melhores reuniões individuais não são baseadas em emoções. Os dados falam por si só e não são subjetivos. Siga a progressão: Resultados. Pipeline. Atividade.

4. NÃO PERMITA QUE O VENDEDOR EM DIFICULDADE JOGUE A CARTA DO MICROGERENCIAMENTO

Fazer uma boa gestão não é microgerenciar! Não permita que as reclamações ou frustrações de seus vendedores de baixo desempenho/inseguros, que ficam tensos em reuniões individuais, desviem você do foco. Quando um vendedor com problemas falar mal dessas reuniões e jogar a carta do microgerenciamento, reclamando que quer mais visibilidade, especialmente em relação à atividade, mantenha-se firme.

- Lembre a ele que você só está fazendo perguntas difíceis sobre sua *atividade* porque os *resultados* dele estão abaixo do esperado e o pipeline é fraco/insuficiente.

- Deixe claro que você "não fica satisfeito com o fracasso" e que, até os resultados e a saúde do pipeline melhorarem, você não tem escolha além de acompanhar de perto a atividade dele.

- Se o vendedor deseja evitar que você esmiúce sua atividade, existem dois caminhos: ele pode (a) atingir a meta e manter um pipeline de oportunidades saudável, ou (b) ir trabalhar em outro lugar onde não há problemas em fracassar.

5. NÃO PULE ESSA REUNIÃO (MESMO COM OS VENDEDORES DE ALTA PRODUTIVIDADE)!

Essa reunião individual de responsabilização focada em resultados, pipeline e atividade é a técnica de gestão de vendas de maior retorno. Se você está muito ocupado, escolha outro compromisso para cancelar ou adiar. *Nada* é mais importante para manter uma cultura de alta performance do que o foco total em metas e resultados. Você pode, sim, tirar 15 minutos por mês por vendedor para fazer essas reuniões. Coloque-as no topo da lista de prioridades. Prometo que o impacto será imediato. Como mencionado antes, se bem executada, *essa atividade tem o poder de transformar sua cultura de vendas e sua organização!*

RECURSO BÔNUS

Assista a um vídeo de 15 minutos e baixe o guia gratuito [em inglês].

The Fastest Way to Increase Accountability, Reduce Complacency and Create a High-Performance Sales Culture [A maneira mais rápida de aumentar a responsabilização. Reduza a complacência e crie uma cultura de vendas de alto desempenho], em mikeweinberger.com/thefirsttimemanager.

4
Seu segundo trabalho mais importante: ajudar a equipe a trabalhar melhor

Sei que no último capítulo orientei você a não treinar seus vendedores durante a reunião individual de responsabilização, mas saiba que esse é o *único* momento em que gestores não devem atuar como coaches.

A verdade é que ajudar a equipe a fazer o trabalho dela com mais eficiência é uma parte extremamente significativa e ao mesmo tempo satisfatória do papel de gestor de vendas. Ainda assim, o que sempre me surpreende é como poucos gestores priorizam o treinamento e quantos evitam isso totalmente.

Ao lado da reunião regular, formal e pré-agendada para análise de resultados e progresso, não há nada que melhore mais os resultados das vendas do que arranjar tempo para treinar seu pessoal, tanto individual quanto coletivamente (em reuniões de equipe).

Nos velhos tempos (pré-internet), desenvolver vendedores era fonte de muito orgulho para a maioria dos gestores. Era comum ouvi-los se gabar de terem transformado novatos em superastros das vendas. Líderes de vendas estufavam o peito e contavam histórias sobre como eles investiram em representantes de baixo desempenho e os transformaram em grandes campeões. Hoje, porém, isso já não é mais tão comum.

ONDE FORAM PARAR TODOS OS GESTORES QUE FAZEM COACHING E MENTORIA?

É incrivelmente raro hoje em dia ouvir gestores de vendas se gabarem da frequência e eficácia com que treinam seu pessoal. Nos meus workshops, muitas vezes pergunto aos participantes: "Onde foram parar todos os mentores de vendas?"

Vamos lá. Primeiramente, eu mesmo sou um produto de mentoria e coaching. Se você olhar a página de agradecimentos de meu livro anterior, há parágrafos e mais parágrafos em que agradeço a dezenas de indivíduos por investirem em mim. Esses mentores e gestores me moldaram. Eles me construíram. Eles mostraram o caminho. Ensinaram como arrumar minha pasta e minha mala para uma viagem de negócios. Como me vestir. Como me preparar para uma reunião de vendas. Como apresentar uma ideia ou projeto. Como falar de igual para igual com um executivo sênior.

Até hoje me inspiro nos ensinamentos do meu primeiro gestor de vendas. Embora tenham se passado trinta anos, ainda me lembro bem de ir buscar Bob Smith (sim, esse é o nome dele de verdade) no Aeroporto Internacional de Lambert, em St. Louis, quando veio passar uns dias comigo. Nós conversávamos durante longos jantares sobre objetivos de carreira e o que é preciso para se transformar em um profissional de verdade. Em dado momento, Bob era mais específico e me enchia de perguntas sobre minha praça e meu planejamento de contas. Então ele ia mais fundo ainda e fazia perguntas detalhadas sobre um cliente específico. Enquanto nos preparávamos para a reunião de vendas do dia seguinte com uma conta chave, seu foco comigo era microscópico. Bob não deixava nada passar enquanto discutíamos as possibilidades da reunião, quem estaria presente, que papel cada um de nós teria, como passaríamos da revisão dos destaques do negócio para introduzir nossa nova linha de produtos, que obstáculos e objeções poderíamos enfrentar e como superá-los.

Então, meu caro gestor de vendas de primeira viagem, não há como negar: grande parte do sucesso que alcancei como vendedor se deve ao fato de, ao longo de minha carreira, de vendedor novato a veterano, eu ter sido treinado por gestores e executivos que tomaram a decisão consciente de que coaching era sua prioridade. Se deseja alcançar um sucesso estrondoso como gestor e líder, recomendo que você siga o exemplo que me foi ensinado. Priorize ajudar os membros de sua equipe a fazer melhor o trabalho deles. Como dito no Capítulo 2, gestores ganham através da equipe. Se você quiser grandes conquistas, ajude seu pessoal a ser cada vez melhor em vencer!

A AGENDA NÃO MENTE

As pessoas falam muito sobre coisas que acreditam que os outros valorizam. Em outras palavras, a maioria de nós fica muito boa em *falar sobre* coisas que achamos que impressionam os outros. Mas falar não é o mesmo que *fazer*. E isso com certeza se aplica a gestores que passam muito tempo *falando sobre* treinar seu pessoal.

Uma das passagens mais memoráveis que já ouvi em um sermão falava da diferença entre aquilo que dizemos valorizar e a maneira como realmente levamos nossa vida. O pastor nos desafiou com a seguinte afirmação: se você quer mesmo saber o que uma pessoa valoriza, não escute o que ela diz. Olhe para a agenda e o extrato bancário dela. Ai.

Onde gastamos nosso tempo e nosso dinheiro precioso diz muito mais sobre nossas verdadeiras prioridades do que as palavras que saem da nossa boca. Tendo isso em mente, que tal abrir sua agenda e percorrer os últimos trinta dias, analisando em que você gastou (ou desperdiçou) seu recurso finito mais precioso, que é seu tempo? E só para reforçar isso um pouco mais, imaginemos que a polícia do sucesso em vendas acusou você de não dedicar tempo suficiente para treinar e desenvolver proativamente sua equipe, e o caso contra você foi a julgamento. Quando o promotor projetar sua agenda no telão no tribunal para ser vista pelo júri, haverá provas suficientes para atestar, sem sombra de dúvida, que um percentual apropriado de sua agenda era dedicado a desenvolver sua equipe e a ajudá-la a fazer um trabalho melhor?

Faça uma breve pausa agora mesmo. Feche o livro (ou dê uma pausa no áudio) e abra sua agenda, seja ela on-line ou de papel. Examine todos os dias do último mês, ou dos últimos dois meses, se quiser ter uma amostra maior. Partindo do pressuposto de que ajudar seu pessoal a melhorar é seu segundo trabalho mais importante como gestor, o modo como você está usando seu tempo está de acordo com essa premissa? Tendo conversado com muitos gestores em várias áreas de atuação, minha opinião é que talvez você não goste muito do que vai descobrir ao analisar sua agenda e perceba que não investiu muito de seu tempo precioso nessa atividade essencial e tão recompensadora.

IMPEDINDO QUE O "URGENTE" SUFOQUE O IMPORTANTE

Sei que você sabe o que está prestes a ler. Mesmo assim, você precisa ler isso de qualquer jeito: sempre há coisas demais a fazer. Sempre. A maioria dos gestores de vendas, especialmente os mais novos, vive a um passo de ser esmagada. Andam para lá e para cá enlouquecidos, trabalham mais do que seus vendedores, respondem a um número absurdo de e-mails, são arrastados para um número indecente de reuniões, são questionados sobre um número estúpido de dados e têm mais pessoas querendo sua atenção do que há espaço mental ou na agenda para oferecer. E ainda pior: todas as coisas parecem *urgentes* no momento em que chegam a sua mesa, caixa de entrada ou seu celular.

> A MAIORIA DOS GESTORES DE VENDAS, ESPECIALMENTE OS MAIS NOVOS, VIVE A UM PASSO DE SER ESMAGADA.

Não sou um idealista vivendo na terra do faz de conta, nem um acadêmico em uma universidade apenas apregoando teorias para você. Falando como alguém que um dia também já foi um novo gestor que mal tinha tempo para respirar e que passou os últimos 15 anos como coach, consultor e treinador trabalhando junto com novos gestores, eu entendo. Entendo totalmente. As exigências de seu tempo são reais, e enquanto a situação descrita no parágrafo anterior sem dúvida não é culpa sua, com toda a certeza é problema seu. Não foi você quem jogou todo esse lixo no oceano, mas você é forçado a nadar (viver) nessas águas poluídas. Mas se está comprometido a se tornar um grande gestor, um líder forte que desenvolve pessoas e atinge os resultados desejados, é imperativo que priorize as poucas e preciosas atividades de alto impacto que realmente dão resultado.

Apesar de essa verdade ser universalmente aceita, a realidade em quase todas as organizações é que quando a casa cai e o urgente passa a superar o importante, a primeira coisa que gestores, sobretudo os mais novos, cancelam ou adiam é o treinamento *proativo* da equipe!

Fiz questão de usar essa palavra aqui: *proativo*. É o treinamento proativo que acaba adiado. O coaching planejado. O treinamento de desenvolvimento não urgente. Essas são as coisas que pulamos.

Nós não somos bobos. O coaching *reativo* não é adiado. Quando há um incêndio, pegamos o extintor. Se há uma crise com um cliente importante e um de nossos vendedores precisa de ajuda, é claro que nos jogamos no fogo com ele sem pensar duas vezes para ajudar de toda maneira possível. Se há uma grande apresentação a fazer ou uma enorme oportunidade de venda que mereça ou exija envolvimento gerencial, nós nos tornamos magicamente disponíveis em um nanossegundo. Se há uma pessoa nova na equipe que não saiba onde é o banheiro, como logar na rede ou como lidar com reuniões individuais com clientes em potencial, ela não é alguém que você ignora. É lógico que não. Quando é *urgente* ou crítico para a missão, nós arranjamos tempo.

O que é muito perigoso em relação aos tipos de coaching *reativos* que acabei de descrever é que eles fazem com que nos sintamos bem. Como gestores, sentimos satisfação ao ajudar a resgatar o relacionamento com um cliente que está em risco, ou orientar membros da equipe quando estão se preparando para uma grande reunião, apresentação ou proposta. E como somos adultos responsáveis, agimos rapidamente para ajudar um novato ou vendedor com problemas que esteja encarando uma situação com a qual não é capaz de lidar da melhor forma sozinho. Mas mesmo ficando satisfeitos por ajudar em todas essas situações, isso não é só o mínimo esperado dos gestores?

Sim, coaching reativo é uma exigência do cargo. Precisamos estar prontos para entrar em ação quando necessário, mas a questão que desejo mais urgentemente que você entenda é que é o coaching proativo, com foco em desenvolvimento e em questões não imediatas, que aprimora seu pessoal e gera o sucesso em vendas no longo prazo. E como o coaching proativo costuma ser a primeira coisa que deixamos de lado, evitamos ou adiamos porque não é urgente (e raramente somos cobrados pelos executivos sobre como estamos desenvolvendo nosso pessoal), os melhores gestores são justamente aqueles que se planejam com antecedência para priorizar isso.

> É O COACHING PROATIVO, COM FOCO EM DESENVOLVIMENTO E EM QUESTÕES NÃO IMEDIATAS, QUE APRIMORA SEU PESSOAL E GERA O SUCESSO EM VENDAS NO LONGO PRAZO.

PROTEJA SUA AGENDA PARA PRIORIZAR O DESENVOLVIMENTO DE PESSOAS

Vamos falar de agendas. Abordamos isso brevemente no Capítulo 2, mas seremos ainda mais práticos aqui. Os executivos, gestores e colaboradores individuais (vendedores) mais eficazes e produtivos empregam a mais simples das técnicas para assegurar que a quantidade certa de tempo seja dedicada às atividades mais rentáveis: eles reservam tempo em suas agendas.

Reservar tempo não é apenas simples, é também um dos princípios de produtividade mais reconhecidos do mundo. Todas as pessoas entendem o conceito e quase todas elas concordam com ele. Mesmo assim, por incrível que pareça, pouquíssimas de fato fazem isso!

Depois de uma análise observacional significativa sobre o tópico, eis aqui minha definição luxuosa: *reservar tempo é ter a disciplina de marcar compromissos consigo mesmo a fim de trabalhar em suas atividades mais rentáveis.* Simplificando, isso significa que nós devemos ser prioridade em nossa agenda antes que outras pessoas a preencham com atividades menos valiosas ou antes de nos distrairmos com a onda do momento. Reservamos alguns blocos de tempo para trabalhar nessas poucas atividades preciosas de maior valor e não urgentes. Investir tempo de maneira proativa para observar, trabalhar junto, treinar e informar nossos vendedores cai exatamente nessa categoria não urgente mas de extrema importância.

Assim como os melhores captadores de vendas abrem espaço em suas agendas para prospectar, nós, como gestores, devemos fazer o mesmo em relação ao treinamento proativo. Prospectar raramente é urgente no momento, e, como eu costumo lembrar às equipes de vendas, ninguém entra no modo de prospectar e desenvolver novos negócios por *default*. Ninguém. E por que não? Porque sempre há alguma coisa mais fácil, mais atraente e sem dúvida mais urgente a fazer. Prospectar não é automático para o vendedor. O vendedor é quem precisa correr atrás disso. Prospectar não acontece por acidente. Se não é colocado na agenda de forma intencional (ou seja, caso não se reserve tempo para isso), então não acontece. Posso afirmar que o mesmo se aplica a gestores treinarem proativamente seu pessoal. Se não marcarmos um horário para isso, não vai acontecer.

Uma boa forma de fazer acontecer é reservar pelo menos um mês de blocos de tempo de coaching. Melhor ainda, todo o trimestre logo de uma vez. Não é nada muito complicado. Só comece a criar blocos de tempo nos quais você vai encaixar sessões de treinamento proativas. Algumas delas podem ser "trabalho de campo" em que você vai para a rua com o vendedor, ou podem ser sessões de treinamento em habilidades em vendas ou estratégias de negócios. Esses blocos podem ter duração variável. Alguns podem ser de um dia inteiro ou mais, se exigirem viagens. Outros podem ser bem curtos: meia horinha dedicada a criar estratégias para um determinado cliente ou acordo, ou apenas acompanhar por um dia um vendedor em especial. Seja qual for o formato ou o propósito específico de cada coaching, o ponto principal é colocá-lo em sua agenda de modo a resguardar um tempo precioso para essa atividade de alto valor.

É difícil dar conselhos sobre a melhor cadência ou a frequência mais indicada de coaching proativo com cada membro da equipe. Cada gestor tem sua realidade. Alguns lideram uma equipe de dois, enquanto outros gerem uma dúzia de vendedores. Alguns cargos de gestão de vendas são mais inclinados para o papel de "general de campo", enquanto outros envolvem supervisão mais operacional, de filial ou de chão de vendas. Como não há uma receita única para a gestão de vendas, não há regra simples para o percentual de sua agenda que deve ser dedicado ao coaching e a trabalhar lado a lado com seus vendedores. Cada situação exige um critério. Mas isso eu posso dizer sem medo: os gestores mais eficientes maximizam o tempo passado com seu pessoal. Em minha experiência como vendedor, anos atrás, todo dia passado na rua visitando clientes era melhor que qualquer dia à minha mesa no escritório. Para gestores, toda hora passada trabalhando proativamente e treinando um vendedor supera qualquer hora gasta com qualquer outra coisa.

OLHAR PARA UMA PLANILHA E INTERPRETAR DADOS NÃO SE QUALIFICA COMO COACHING

Sim, hoje em dia temos todos os tipos de novas ferramentas poderosas disponíveis. Muitos gestores têm acesso a mais dados ao clique do mouse do que era imaginável há uma década. Empresas investem zilhões de dólares em sistemas caros de gestão de relacionamento com clientes e planejamento de recursos. A análise de dados, uma especialidade relativamente nova, criou um verdadeiro exército de analistas que gostam muito de fatiar e dividir quantidades incomensuráveis de informação na esperança de descobrir pérolas estatísticas úteis. À medida que as empresas fornecem dashboards mais poderosos e capacidade de análise de dados mais aprofundada, cresce a tentação de treinar e gerir equipes quase exclusivamente com os olhos grudados em planilhas. E quando combinamos esse excesso de dados com todo o outro lixo corporativo colocado na mesa de um gestor de vendas, a tentação de "treinar" através de telas e e-mails se torna cada vez maior.

Não tenho como ser mais claro: mesmo que sistemas sofisticados e dados precisos sejam maravilhosos e nos permitam oferecer um treinamento mais acertado, nós nunca devemos esquecer que estamos liderando *pessoas*, não robôs. Dados analíticos bem recortados e de fácil acesso podem e devem ser um recurso maravilhoso e poderoso, mas nunca vão substituir o que gestores observam com seus próprios olhos e instinto quando trabalham com pessoas.

Dados, mesmo os mais precisos, vistos de forma isolada não contam toda a história. Eu usei essa analogia no passado, e penso que seja apropriada demais para não ser compartilhada novamente aqui. Treinadores de equipes esportivas ficam na lateral, no banco ou no fosso durante os jogos por uma razão. Eles não ficam sentados em uma sala com um supercomputador que analisa as estatísticas a cada minuto e cospe *relatórios de gestão* enquanto o jogo está rolando! Eles *assistem* ao jogo. Eles observam seu pessoal. Eles sentem coisas que nunca apareceriam de forma adequada nos relatórios. Coisas como atitude, comprometimento e linguagem corporal. Além disso, eles olham para o engajamento, o esforço e a sinergia da equipe. E não vamos esquecer que durante o jogo eles também interagem com seus jogadores. Eles os veem em ação. Observam comportamentos e tendências. Elogiam. Criticam. Rascunham jogadas. Eles estimulam. Desafiam. E também tomam decisões em tempo real, até mudanças de escalação com base no que estão observando e sentindo — porque gestores são humanos, e estão gerenciando outros humanos.

Durante a World Series de beisebol de 2020, junto com outros torcedores horrorizados, testemunhei o caso mais absurdo de má gestão por análise de dados (em vez de observação) da história. Mesmo que você não acompanhe beisebol, esse caso real fornece uma lição poderosa e colossal. O que vem a seguir é o artigo muito popular que publiquei em meu blog no dia seguinte ao episódio.

ESSE TREINADOR DA MAJOR LEAGUE BASEBALL ESTRAGOU TUDO AO CONFIAR EXCLUSIVAMENTE NA ANÁLISE DE DADOS E IGNORAR O QUE VIA COM OS PRÓPRIOS OLHOS

Para horror dos torcedores de beisebol em todos os Estados Unidos, o treinador dos Tampa Bay Rays, Kevin Cash, retirou do nada o arremessador Blake Snell do jogo depois que ele permitiu uma rebatida na sexta entrada. Até aquele momento do jogo, Snell estava absolutamente dominante e ainda não tinha arremessado nem oitenta vezes! Ele estava realizando uma obra-prima de arremessos, uma coisa linda de se ver, e eu estava maravilhado com seu desempenho, controle, força, comando etc. Fiquei tão chocado (e com raiva) ao ver o treinador do time substituí-lo que abri o Twitter na mesma hora e publiquei esse tweet, que acabou sendo profético.

Mike Weinberg
@mike-Weinberg

Não sou técnico profissional, mas se eu fosse o dos Rays, de jeito nenhum tiraria meu arremessador que começou a partida só porque ele permitiu uma rebatida. A rédea do cara é curta! O *bullpen* vai estar a toda. Não me agrada.

21h22 – 27 de outubro de 2020, de Des Peres, Montana – Twitter para iPhone

E isso foi antes de ouvir Joe Buck (que fez um trabalho excelente na transmissão do jogo para a Fox Sports) contar ao público que Snell tinha eliminado completamente três rebatedores seguidos dos Dodgers que tinham coletivamente nenhuma rebatida em seis oportunidades com o bastão e foram eliminados seis vezes contra ele. Honestamente, ninguém, e estou dizendo ninguém (exceto os Dodgers), ficou satisfeito ao ver esse rebatedor substituído. Não é exagero dizer que ninguém concordou que essa foi a decisão certa.

Por que estou contando essa história e compartilhando minha frustração com vocês? Porque, assim como na área de vendas, no beisebol tem surgido um movimento de treinadores que, sentados em suas torres de marfim, não colocam a mão na massa e tomam decisões com base em pilhas de dados — até mesmo *big data*. E, mesmo que os fãs raiz do esporte adorem conversar sobre dados e estatísticas, já vimos evidências suficientes para declarar que a estratégia de beisebol gerida exclusivamente por análise de dados não cresceu para ser a grande panaceia que deveria ser. Em outras palavras, apenas porque os analistas de dados podem produzir um volume de informações e relatórios impossíveis de digerir, não significa que isso seja sempre uma vantagem, ou que decisões de gestão devam ser tomadas com base somente no que as planilhas concluem.

O mesmo é ainda mais verdadeiro em relação à gestão de vendas. Hoje, a quantidade de ferramentas tecnológicas, brinquedos e dashboards disponíveis é maior do que nosso conhecimento sobre o que fazer com eles. Muitos executivos e gestores de vendas se tornaram obcecados por dados, vivendo com a cabeça mergulhada em telas de gestão de relacionamento com clientes, examinando mais dados do que um cérebro normal é capaz de digerir. Mesmo assim, esses mesmos líderes de vendas frequentemente declaram que são *ocupados demais* para observar, treinar e trabalhar junto com seus vendedores.

Os trechos seguintes são do capítulo de *Sales Management: Simplified* intitulado "Ser jóquei de mesa de gestão de relacionamento com clientes não é a mesma coisa que liderança de vendas".

> Não consigo entender como se tornou a norma hoje em dia julgar a habilidade de um vendedor unicamente pela análise excessiva de cada um de seus acordos e que percentual de oportunidades avança de estágio para estágio na gestão de relacionamento com clientes. É como se tivéssemos decidido substituir verdadeiros especialistas em vendas por gestores de fundos. Basta colocar o gestor diante de uma tela grande com muitos dados que, olhando para ela por tempo o bastante, ele descobrirá que ações comprar... quer dizer, que vendedores sabem vender bem.
>
> Você consegue imaginar o treinador de um time da Major League Baseball, mesmo um conhecido por seu amor pelas estatísticas, probabilidades e análises de dados, não estar no banco durante o jogo? Não ver os jogadores atuarem com seus próprios olhos? **Pense no absurdo de um treinador sentado no escritório o dia inteiro (e a noite inteira) examinando relatórios e dados, tomando**

> decisões de escalação com base apenas no que ele vê em suas telas e planilhas.
>
> Tendo escrito isso em 2016, foi surreal ver o mesmo se desenrolar na TV na semana passada!
>
> Lógico, o técnico do Tampa Bay não estava literalmente longe da equipe estudando relatórios analíticos durante o jogo, mas agora todos sabem que sua decisão... de substituir prematuramente o arremessador no jogo naquela situação foi determinada antes mesmo que o jogo começasse.
>
> A realidade é que uma decisão horrível foi tomada confiando-se apenas em análise de dados. O mais preocupante é que praticamente todos os humanos vivos e que respiram, com olhos e ouvidos, e que viram ou ouviram esse jogo (inclusive jogadores dos dois times) teriam tomado uma decisão diferente com base no que eles estavam observando pessoalmente na hora...
>
> Vamos todos aprender com o erro decorrente apenas das análises desse técnico de beisebol. Há momentos em que o que nossa intuição, nossos olhos e nossos ouvidos estão nos dizendo é superior ao que os analistas de dados preveem ou o que estamos visualizando na tela de gestão de relacionamento com os clientes. Não estou sugerindo que ignoremos os dados, mas sem dúvida devemos aliá-los a nossas observações pessoais — que, é óbvio, exigem que realmente priorizemos passar tempo com a equipe!

Era isso que eu tinha a dizer. E acreditando que consegui convencê-lo de que treinamento proativo é na verdade uma grande prioridade, que merece ter tempo reservado em sua agenda e é feito da melhor maneira pessoalmente, trabalhando junto e observando a equipe fazer o trabalho dela, as próximas perguntas lógicas e apropriadas são "Como eu faço isso"? e "Como deve ser um treinamento proativo?".

OS TRÊS COMPONENTES SIMPLES DO "TRABALHO DE CAMPO"

A experiência mostra que a maioria dos novos gestores de vendas fica empolgada pela oportunidade de treinar os membros de sua equipe. Isso faz sentido porque eles em geral são vendedores recém-promovidos que se saíram muito bem e não veem a hora de ajudar outras pessoas a serem mais eficientes. Mas também há quem nunca tenha estado no papel de colaborador individual em vendas ou que talvez esteja assumindo essa nova posição de gestão em vendas mais por necessidade do que escolha. Pessoas neste último grupo normalmente carregam boa dose de desconforto para o papel, especialmente em torno do tema de ter que treinar vendedores que provavelmente sabem muito mais sobre vendas do que eles. Isso é compreensível, e é para esse grupo de gestores que eu tenho uma notícia muito boa.

Não é necessário ter sido um superastro em vendas para ter sucesso na gestão de vendas. Na verdade, posso afirmar que recordistas em vendas com ego inflado e muito bem-sucedidos costumam ter mais dificuldade para adotar a mentalidade de gestão. Esses astros do rock talentosos em geral não têm paciência com as pessoas de desempenho mediano da equipe e muitas vezes se frustram pelo fato de elas não serem tão talentosas ou habilidosas quanto eles.

Portanto, se você é novo no cargo e a ideia de treinar pessoas com mais conhecimento ou experiência em vendas é intimidadora, aqui estão a boa notícia e meu encorajamento: você não precisa ser um nerd de vendas como eu, um técnico, treinador ou especialista para treinar seus vendedores com eficácia. Na verdade, quando você pensa em atletas profissionais de elite e as pessoas que os treinam, com que frequência esses treinadores são melhores na prática do esporte do que os atletas que eles estão treinando? Praticamente nunca. Mostre-me o treinador da Major League Baseball que consegue rebater, pegar as bolas ou arremessar como seus jogadores.

Você acha que os treinadores de tênis de Serena Williams ou Rafael Nadal ganhariam sequer um game contra eles se jogassem uma partida em quadra? Zero chance. Isso não vai acontecer.

Então vamos reduzir sua ansiedade sobre ocupar uma posição na qual se espera que você treine pessoas com maior habilidade ou conhecimento que você e vamos subdividir o que chamo de aspecto de *trabalho de campo* do treinamento em três componentes básicos.

1. Pré-jogo
2. Jogo
3. Pós-jogo

Como gestores, independentemente de nosso nível de conhecimento técnico em vendas, todos somos capazes de ajudar um membro da equipe a se preparar para uma interação em vendas, que para nossos propósitos aqui vamos nos referir apenas como a "reunião de vendas". Essas reuniões podem ser marcadas ou não, acontecer virtualmente, por telefone ou pessoalmente. Podem ser reuniões nos estágios iniciais (descoberta) ou grandes apresentações na sala do conselho. Elas podem acontecer em diversos lugares, do chão de vendas do varejo a um estande em uma feira, no canteiro de obras de um cliente, em uma sala de reuniões física ou virtual ou na mesa da cozinha do proprietário de uma casa. Não importa o estágio do processo de vendas nem o local, gestores podem ter um papel importantíssimo ajudando proativamente a preparar um vendedor para uma reunião de vendas. E, como observei tantos vendedores conduzirem reuniões de vendas fracas e ineficazes, costumo ser muito meticuloso ao treinar gestores nas melhores práticas para sessões de treinamento pré-jogo, aquelas que preparam os vendedores para esse tipo de reunião. Quanto melhores e mais intencionais formos ao ajudar nosso pessoal a se preparar para essas reuniões, mais prática eles vão ter — e os vendedores treinados vão continuar a se preparar profissionalmente para reuniões futuras mesmo quando seu gestor não estiver com eles.

O segundo aspecto do treinamento é quando o gestor está junto de um vendedor durante uma interação de vendas. Seja apenas observando ou participando ativamente da reunião, esse treinamento durante o jogo fornece uma oportunidade poderosa para testemunhar nossa equipe em ação em primeira mão. Não há melhor maneira de avaliar a competência de um vendedor do que vê-lo em ação. Do que vê-lo vendendo! Mais uma vez, isso é algo que todo gestor é mais que capaz de fazer independentemente do conhecimento em vendas que tenha.

O aspecto final do trabalho de campo é o mais fácil. É nele que compartilhamos nossas observações sobre a reunião de vendas (se estávamos lá) ou simplesmente perguntamos sobre a reunião (se não estávamos lá). Treinamento de pós-jogo é uma oportunidade única para oferecer feedback rápido e franco que, do contrário, o vendedor pode acabar não recebendo. Ele também nos permite ajudar um vendedor tanto a refletir sobre como se saiu quanto a criar uma estratégia para os próximos passos. Mais uma vez, todos os gestores, independentemente do nível de experiência, são capazes de fazer observações e ajudar um vendedor a refletir sobre o follow-up e os próximos passos.

TRABALHAR *COM* A EQUIPE CRIA UM IMPACTO DURADOURO E SIGNIFICATIVO

Se você me permitir fazer mais uma analogia esportiva, vou compartilhar uma experiência no campo de golfe realmente poderosa e impactante que conversa perfeitamente com a área de vendas e gestão de vendas. Nesse caso em especial, eu era o aluno que se beneficiou muitíssimo de um episódio de treinamento no campo, e essa história vai motivá-lo a maximizar o tempo trabalhando com a equipe.

Já mencionei antes minha paixão recém-descoberta pelo golfe e a obsessão em melhorar meu jogo, certo? Pois bem, pela maior parte de minha vida adulta, evitei hobbies. Criar três filhos ativos, levá-los alegremente de carro para lá e para cá e acompanhar suas atividades, ao mesmo tempo organizando minhas próprias viagens e meu trabalho, não deixava muito espaço na agenda para hobbies. Isso mudou na primavera de 2020, quando estávamos todos trancados durante a pandemia de Covid-19. Meu filho mais novo, Kurt, que adora golfe, estava em casa conosco depois que suas aulas na universidade passaram a ser totalmente virtuais, no meio do semestre. Como todo mundo, ficamos entediados, e como uma das poucas atividades possíveis de fazer durante o período de isolamento era jogar golfe, Kurt e eu começamos a jogar. E nós mergulhamos de cabeça!

Dizer que fui picado pelo mosquitinho do golfe seria subestimar o que aconteceu. Vídeos no YouTube. Inúmeras idas ao campo de treinamento. Explorar diversos campos públicos antes de entrar para um clube de golfe. Me adaptar a novos tacos. Mais importante de tudo, finalmente contratar um instrutor de golfe para me dar aulas. E não apenas qualquer professor, porque confesso minha vantagem injusta. Tenho um grande amigo chamado Brian Fogt, que, por acaso, também é considerado o melhor treinador de golfe no estado do Missouri. Não é demais dizer que ele me fez um grande favor me aceitando como projeto. Sem dúvida, sou seu pior aluno.

Depois de algumas aulas, meu swing e meu jogo tiveram uma melhora significativa. Pela primeira vez, permaneci constantemente abaixo dos noventa em 18 buracos. Eu estava empolgado. Mas durante o ano seguinte, quando meus compromissos voltaram a se avolumar e retomei as viagens, parei de ter aulas e meu jogo estagnou. Devido a nossos horários, Brian e eu não conseguíamos passar nenhum tempo juntos, nem socialmente nem no campo de golfe. Uma noite ele me ligou e perguntou se eu teria algumas horas livres no fim da tarde do sábado seguinte. Ele perguntou se eu gostaria de jogar nove buracos com ele no meu campo e depois jantarmos juntos. Tá de brincadeira? Eu concordei na hora, grato pela oportunidade, embora também tenha ficado um pouco nervoso ao pensar na pressão de jogar no campo com um verdadeiro profissional. Acho que a sensação que tive foi provavelmente parecida com a da maioria dos vendedores quando sabem que seu gestor vai passar tempo com eles observando suas reuniões de vendas.

Brian já estava na área de treino se aquecendo quando cheguei ao clube. É isso que profissionais fazem: eles chegam cedo. Após um minuto de conversa, eu já vi como aquilo se assemelhava ao encontro de campo entre gestor e vendedor. Sendo assim, liguei minha antena e comecei a processar essa experiência de treinamento no campo tanto sob as lentes de vendas quanto do golfe. O que aprendi naquele fim de tarde de sábado não apenas transformou meu jogo de golfe, como também me deu uma nova perspectiva sobre o poder do treinamento e do trabalho de campo. Tanto que, depois que fui para casa, imediatamente rascunhei um post para meu blog intitulado "Se gestores de vendas fizessem pela equipe deles o que meu instrutor de golfe fez por mim!", e depois transformei a história em um episódio de podcast, porque muitas pessoas estavam pedindo mais detalhes sobre essa experiência transformadora.

1. TREINAMENTO PRÉ-JOGO

Depois de alguns minutos de papo, Brian entrou no modo negócios, e seu comportamento se tornou mais sério. Ao acompanhar o avanço desta história, observe como ele foi intencional em todos os aspectos de sua sessão de "trabalho de campo".

Ele começou me perguntando como eu estava jogando e quis saber que áreas do meu jogo estavam mais fortes e quais precisavam ser trabalhadas. Então ele me perguntou quais eram meus objetivos em nossa partida juntos. Obviamente, não consegui evitar relacionar isso com o gestor preparando um vendedor para uma reunião de vendas, perguntando: "O que é uma vitória para nós, hoje? O que estamos tentando obter dessa reunião com o cliente ou o cliente em potencial? Qual é nosso grande objetivo?" Minha mente começou a explodir com todo aquele cruzamento de jargão e informações!

Preocupado com mais que apenas mentalmente preparar seu aluno para o jogo, o treinador Brian também queria garantir que eu tinha as ferramentas necessárias para realizar minha missão. Enquanto eu dava algumas tacadas para me aquecer, ele examinou os tacos em minha bolsa e pegou meu putter relativamente novo. Depois de dar algumas tacadas com o putter, ele me perguntou o que eu achava dele, e respondi dizendo que amava a aparência e o alinhamento, mas que parecia um pouco leve. Ele concordou com minha avaliação, então levou a mão a um dos inúmeros bolsos em sua bolsa profissional e gigante de golfe e sacou um rolo de fita de chumbo. "Mike, vai praticando com seus tacos. Vou colocar um pouco de peso na cabeça desse putter."

Brian entrou no modo multitarefas, mantendo um olho em meu aquecimento enquanto acrescentava tira após tira de fita de chumbo à parte inferior do meu putter. Quando se convenceu de que eu tinha passado tempo suficiente me aquecendo, me conduziu ao green de treinamento de putting para eu sentir como era usar aquele putter agora muito mais pesado. Ele fez com que eu treinasse tacadas com distâncias diferentes, deu algumas dicas e então foi até a sala dos clientes, quero dizer, até a primeira caixa de tees, para começar nossa partida.

2. TREINAMENTO DURANTE O JOGO

Embora eu provavelmente tivesse jogado naquele buraco (e naquele campo) cinquenta vezes, Brian me parou antes que eu pusesse a bola no tee. "Mike, como você vai lidar com esse buraco? Qual a área desejada de aterrissagem para sua tacada e como ela vai deixar você no green para a segunda tacada?" Eu não o impressionei com minha resposta vaga, então ele continuou a perguntar. "Hoje parece estar ventando mais que o normal. Como isso vai afetar sua escolha de tacos e a trajetória da bola? Qual a melhor tacada que podemos dar aqui para maximizar suas chances de atingir o green em duas?" Mais uma vez, sem se animar muito com minha resposta, Brian começou a me falar sobre minhas opções e também compartilhou sua opinião sobre a melhor maneira de atacar o buraco.

Meu amigo gestor de primeira viagem, vamos fazer uma pausa na história e refletir por um momento.

Eu não tinha nem começado a jogar, mas já tinha recebido ensinamentos mais valiosos do que podia ter imaginado. Olhe novamente para a intenção de Brian. Ele estava totalmente focado em me preparar para que eu desse o meu melhor. Nada era considerado óbvio, nem meu estado mental, objetivos na partida, equipamento, aquecimento ou estratégia para jogar o primeiro buraco. Como isso estava acontecendo em tempo real, minha mente ia de um lado para outro — do privilégio que era aquele coaching intencional e proativo para a realidade triste de que pouquíssimos gestores levam sua responsabilidade de treinar pessoas tão a sério quanto Brian. O contraste era impressionante, e eu não conseguia parar de fazer esta pergunta a mim mesmo: quanto mais bem equipados, preparados e eficazes seriam os vendedores se seus gestores fizessem por eles o que meu instrutor de golfe estava fazendo por mim?

Por mais útil e produtivo que tenha sido o coaching pré-jogo, o melhor ainda estava por vir. Os noventa minutos seguintes jogando com meu coach a reboque foram transformadores. Eu estava jogando minha partida de golfe típica. Algumas boas tacadas. Algumas tacadas medianas. Algumas tacadas patéticas. E Brian, como o profissional experiente que era, teve o cuidado de não falar mais que o necessário nem botar pensamentos demais em minha cabeça. Houve momentos em que eu percebia que ele queria oferecer conselhos antes da tacada ou fazer uma análise pós-tacada, mas ele se conteve para o meu bem, sabendo que um amador consegue reter pouca informação ou feedback de cada vez.

Mas no quinto buraco eu tive problemas e me vi em uma situação perigosa. Estávamos em um terreno descendente curto de par três com um lago grande em torno da frente e do lado direito do green. Em um esforço para evitar a água, golpeei com força demais e apenas acertei a bola de raspão. A tacada foi feia e fez uma linha baixa que voou vinte jardas sobre o campo, deixando uma tacada muito difícil morro acima até o green. A bola tinha se aninhado na parte baixa, e se eu exagerasse na tacada ela ia correr pelo green até a água do outro lado, mas se eu me contivesse e não aplicasse velocidade suficiente no taco, eu nunca chegaria alto o bastante para voltar ao green.

Percebendo que eu estava frustrado e um pouco intimidado pelo desafio à minha frente, Brian se aproximou para avaliar a situação, me acalmar e me ajudar a pensar em minhas opções. Adorei como ele fez perguntas provocativas, que me forçavam a pensar por conta própria antes de ele oferecer sugestões para a tacada. "Mike, com base nestas condições de terreno, qual de seus tacos é a melhor escolha? Onde você precisa botar a bola para ficar a uma tacada do par?" Nós concordamos acerca do melhor taco, e então Brian mudou de coach que perguntava para coach que instruía. Ele apontou para um ponto exato na borda do green a cerca de 25 jardas da bola. "Mike, quero que você ponha a bola bem aqui." Fiz alguns movimentos para praticar, e então, com firmeza, ele disse: "Você entendeu. Quero a bola bem aqui." Surpreendentemente, eu dei a tacada como planejado, botei a bola bem perto do lugar que ele tinha escolhido, e ela ficou a cerca de três jardas do buraco. Ainda me lembro da sensação de assombro por estar a apenas uma tacada do par (três), quando eu sabia muito bem que, se estivesse sozinho naquela situação, provavelmente faria cinco ou seis no buraco.

Quando eu estava preparando a tacada, recorri a ele para ler a inclinação do terreno. Falei que parecia que ela ia da esquerda para a direita, talvez três bolas para a esquerda. Brian fez a volta para ver de alguns ângulos e respondeu com uma voz um tanto séria: "É levemente da esquerda para a direita Aponte de modo que metade da bola fique à esquerda do buraco, e a outra metade no interior da trajetória para a esquerda." Olhei para ele e achei graça, porque não sou exatamente um cirurgião com o taco nas mãos, por isso nunca fui tão específico lendo uma tacada sozinho. Mas quando reflito sobre isso hoje (e sobre todas as perguntas que ele fez naquele dia), entendo que ele estava tentando me ajudar a estreitar meu foco e me ensinar a importância da especificidade na preparação para a execução. Mais uma vez, que exemplo para nós como gestores de vendas treinando nossa equipe! E caso você esteja curioso, sim, eu acertei a tacada e sorri, e saí com um três naquele buraco totalmente devido ao treinamento recebido.

3. FEEDBACK, COACHING E VISUALIZAÇÃO PÓS-JOGO

Depois dos nove buracos, fomos, cada um em seu carro, até uma hamburgueria da qual gostávamos. Durante todo o caminho fui conversando comigo mesmo, dividido ao processar a experiência enquanto aluno de golfe empolgado e coach de vendas e gestão de vendas impressionado. Eu mal conseguia acompanhar meus pensamentos e mal podia esperar para começar a recapitular a experiência no papel. Ainda não tinha ideia da etapa restante de treinamento que estava por vir e quão transformadora ela seria!

Enquanto esperávamos nossa comida, Brian pegou meu resultado e começou a analisar meu jogo. Ele indicou de forma muito específica algumas de minhas melhores tacadas do dia. Mencionou como eu estava "me segurando" e mantendo a mão à frente da cabeça do taco — uma coisa que tínhamos trabalhado em aulas anteriores. Nós revivemos aquele quinto buraco maluco e celebramos a incrível tacada de recuperação e a que dei para atingir o par, em grande parte graças à sua instrução muito específica. Mas não trocamos apenas elogios e risadas. Ele também falou sobre meu pior momento no dia, quando fiz oito em um par quatro devido a uma combinação de má gestão do campo, má preparação pré-tacada e execução ruim. Era uma oportunidade de ensinar boa demais para deixar passar, e ele queria ter toda a certeza de que eu soubesse por que tinha ido mal naquele buraco para que não cometesse os mesmos erros novamente.

Então, para concluir seu treinamento, Brian fez algo tão poderoso, significativo e memorável que nunca vou esquecer. Pegou o cartão de pontuação e riscou meus números. Ele escreveu a palavra *REALISTA*, assim, com todas as letras maiúsculas. Abaixo dela, escreveu como achava que eu poderia (e vou) pontuar em cada buraco no futuro. Então me devolveu o cartão, me olhou nos olhos e disse que em pouquíssimo tempo eu estaria fazendo pouco mais de oitenta tacadas em 18 buracos em vez de noventa. Ele me incentivou dizendo que, se eu continuasse a trabalhar nos fundamentos e adotasse as poucas medidas que havíamos praticado naquele dia, melhoraria bastante.

É difícil até mesmo explicar o quanto esses estímulos e palavras afirmativas significaram para mim. E tive muito respeito por sua intencionalidade. Era nitidamente importante para Brian que, ao fim de nosso tempo juntos, não apenas eu tivesse mais conhecimento, mas também a crença de que podia me sair bem mesmo quando ele não estivesse comigo.

No dia seguinte, estava de volta ao clube e joguei 18 buracos com alguns amigos. Minha forma de lidar com o campo foi totalmente diferente, e minhas expectativas e confiança estavam bem maiores depois que Brian me fez vislumbrar o golfista que eu estava me tornando na noite da véspera. Também me preparei melhor antes do jogo, me fiz perguntas mais inteligentes antes de cada tacada, e meu foco e o ponto onde eu devia acertar a bola ficaram mais claros antes de bater na bola. Fiz o primeiro buraco abaixo do par e terminei o jogo com 85, superando meu melhor jogo naquele campo em quatro tacadas! Você acha que foi coincidência essa partida recorde ter acontecido depois de passar algumas horas *com* meu instrutor? Nem eu.

Caro colega gestor de vendas, precisamos passar tempo com o nosso pessoal. Além de responsabilizar a equipe, não há *nada* mais importante que possamos fazer do que ajudá-la a executar melhor o trabalho dela.

> **RECURSO BÔNUS**
>
> Baixe um checklist de planejamento pré-reunião em mikeweinberg.com/thefirsttimemanager [em inglês].

5
Coisas ruins acontecem quando você tenta fazer o trabalho de seus vendedores

Já determinamos que o objetivo dos gestores de vendas é ganhar através de seu pessoal. Mas quase sempre, em especial para gestores mais novos, é mais fácil falar isso do que fazer.

Ao longo das últimas décadas, tive o privilégio de oferecer consultorias e treinamento de liderança de vendas em cinco continentes, atuando em várias indústrias e em empresas de todo tipo e tamanho.

Muitos gestores de vendas estão operando no que eu chamo de "modo herói". Sua atitude natural é *fazer* em vez de liderar, treinar ou responsabilizar. É compreensível. Em breve examinaremos as causas mais comuns para tal comportamento, mas antes que eu levante um espelho para ajudá-lo a enxergar qual delas pode estar desencaminhando você (ou quais delas surgirão como tentações no futuro), permita-me iniciar a análise com algumas perguntas simples:

- Você está se sentindo sobrecarregado no trabalho e costumar achar que não há horas suficientes no dia para fazer tudo?

- Às vezes sente como se estivesse carregando o peso de sua equipe inteira e que, se você não estivesse ali (para a sessão de preparação, para a reunião com o cliente, a proposta, o _____), nada seria feito da forma adequada ou sequer feito?

- Nos últimos tempos, sentiu como se estivesse fazendo o trabalho de cinco pessoas?

Se você respondeu "sim" a pelo menos uma pergunta, é possível que esteja sofrendo algumas das consequências de agir como herói da equipe de vendas em vez de se concentrar em transformar os membros dela em heróis. Ao mergulharmos neste tópico, há mais algumas perguntas a considerar:

- Você está tentando fazer o trabalho de seus vendedores por eles?

- Tem colocado a mão na massa em vez de liderar? O que tem feito em vez de treinar? O que tem feito em vez de responsabilizar?

Eu entendo que talvez isso não esteja acontecendo por culpa sua. É sem dúvida concebível que os líderes seniores em sua empresa tenham perdido de vista as principais responsabilidades de um gestor de vendas e, portanto, estejam soterrando você com inúmeras demandas inúteis, mesmo que não façam isso por mal. Isso acontece o tempo todo. Mas minha experiência revela que é muito provável que os próprios gestores de vendas estejam continuamente caindo no modo herói, o que cria a sensação de sobrecarga e exaustão. E a razão para que tantos gestores estejam esgotados e *sentindo* como se estivessem fazendo o trabalho de todo mundo é: eles *estão* tentando fazer o trabalho de todo mundo!

A RAZÃO PARA QUE TANTOS GESTORES ESTEJAM ESGOTADOS E *SENTINDO* COMO SE ESTIVESSEM FAZENDO O TRABALHO DE TODO MUNDO É: ELES *ESTÃO* TENTANDO FAZER O TRABALHO DE TODO MUNDO!

PROVÁVEIS FATORES PARA QUE O GESTOR DE VENDAS AJA COMO O HERÓI DA EQUIPE

Depois de observar um grande número de gestores bancando o herói em vez de oferecer à equipe as ferramentas para que eles sejam os heróis, identifiquei seis causas comuns. Por favor, leia-as atentamente. Em seguida, leia outra vez! Estou falando para você baixar sua guarda. Verifique seu ego (especialmente antes de ver o primeiro fator). O objetivo aqui é ajudá-lo a identificar por que você está fazendo isso agora ou pode estar propenso a fazer em determinado momento.

1. EGO GRANDE DEMAIS

Esse talvez seja o fator mais difícil de admitir, mas sem dúvida é comum, especialmente em gestores recém-promovidos. Vendedores de alto desempenho recebem muita atenção e costumam desfrutar de grande reconhecimento. Eles veem seus nomes no alto do relatório de vendas. Ganham prêmios. Formam o "clube". Tendem a receber muita atenção e adoração. E enquanto tudo isso é maravilhoso, também tende a inflar o ego.

Vendedores de alto desempenho com egos grandes e que adoram holofotes não causam muito dano. A autoexaltação e o desejo por elogios de um representante de vendas são, em grande parte, inofensivos. Mas tudo muda quando essa pessoa se torna líder de uma equipe e sente dificuldades em conter seu ego. Em vez de obter satisfação com elogios, adoração e atenção para as pessoas de sua equipe, eles desejam isso para si mesmos.

Independentemente do mandato, gestores que se elevam e se autopromovem para saciar seus egos enormes não apenas desmotivam a equipe, mas também muitas vezes destroem a cultura. Nunca é saudável quando o gestor fica com o crédito em vez de evitá-lo.

É possível que você se meta em todas as situações e tenha vontade de deixar sua marca em todas as pequenas coisas que seu pessoal faz porque se tem em altíssima conta ou deseja ardentemente os créditos e os holofotes?

2. PRESSÃO INTENSA PARA ENTREGAR RESULTADOS

Alguns gestores caem rapidamente no modo herói porque são ultracompetitivos, adoram ganhar, odeiam perder e vão fazer tudo o que for necessário para atingir as metas. E, sendo sincero, esse é um traço maravilhoso. Quem não quer um líder que seja muito dedicado a vencer? O problema, porém, é que essa mentalidade, de querer mover mundos e fundos, muitas vezes os faz se inserirem no centro da ação, executando o trabalho em vez de liderando.

A motivação e o desejo de vencer são outro traço que adoramos ver em vendedores. Superastros em vendas fazem o que for necessário para vencer. Horas extras? Sem problema. Fazer um esforço a mais? Eles fazem dois. Entrar em cena e cobrir alguém que não esteja sustentando seu fardo? É claro. Mas essa mentalidade não é sustentável em um papel de gestão. Não é fisicamente possível entrar em cena e cobrir todo mundo. Simplesmente não há horas suficientes no dia. Se você, como gestor, tem que se envolver em toda sessão de preparação, apresentação ou conversa importante, como, sendo bem realista, isso vai funcionar?

Reconheço que você provavelmente é mais motivado e mais talentoso que muitas pessoas de sua equipe, por isso conseguiu o cargo de gestor. Mas ter mais vontade e ser mais capaz não devem ser um passe livre nem desculpa para agir como um astro de vendas substituto, mesmo que isso pareça natural para você. Frequentemente, é seu desejo de se destacar em tudo ou a pressão que você sente ou coloca sobre si mesmo que o leva a entrar no modo herói, que faz tudo o que for necessário.

É possível que você esteja usando sua paixão por vencer (ou a pressão vinda de cima) como uma desculpa muito conveniente para explicar por que você se sente obrigado a entrar em ação ou assumir situações que provavelmente correriam muito bem sem seu microenvolvimento?

3. A CULTURA HERDADA DE SUA EMPRESA PROMOVE O COMPORTAMENTO DO GESTOR HERÓI

Esse provavelmente é o fator mais comum: os gestores fazem isso porque todos lhes dizem para fazer! É assim que sua empresa funciona. Gestores são vistos como o super-herói da equipe.

Eu trabalhei com uma grande empresa de tecnologia cuja mentalidade herdada era a de que gestores de vendas deviam estar em todas as reuniões importantes. Se fosse o último dia do trimestre, eles eram encorajados a estar em diversos aviões e pessoalmente envolvidos em fechar a maior quantidade de negócios possível. Não estou brincando. Nessa organização, gestores eram não apenas elogiados por fazer o trabalho da equipe, mas também *encorajados* a fazer isso.

Será que você está agindo como herói porque isso foi implicitamente transmitido para você ou explicitamente ordenado?

4. VOCÊ É UM MICROGESTOR LOUCO POR CONTROLE

Esse fator pode ser o mais difícil de reconhecer. Para muitas pessoas, é fácil admitir que tem um ego levemente grande e achar graça disso. Esse, porém, nem sempre é o caso quando nos abrimos sobre nossas tendências perfeccionistas ou centralizadoras.

Não vou pedir a você que confesse isso em público, mas algumas das pessoas que estão lendo (ou ouvindo) isso precisam ser honestas consigo mesmas e admitir que são perfeccionistas e ansiosas. E, enquanto seus padrões elevados são admiráveis, seu desejo por perfeição e sua incapacidade de deixar as coisas seguirem seu fluxo causam danos — a você mesmo e àqueles que você lidera.

O microgerenciamento são os sinos fúnebres de uma cultura de vendas saudável e uma das coisas que afastam os melhores talentos. Você se lembra do que eu disse antes sobre por que eu (e quase todos os vendedores de sucesso) amo vendas? Liberdade. Ninguém que é bom em vendas gosta de ter o chefe trabalhando em seu lugar ou dando instruções sobre os mínimos detalhes de tudo. Pelo amor de Deus.

Amigo, é possível que você esteja exaurido pelo trabalho e prejudicando sua vida pessoal por se recusar a relaxar? Sua atitude centralizadora de herói da equipe está gerando uma quantidade interminável de trabalho?

5. É MAIS CONVENIENTE FAZER QUE DESENVOLVER

Esse fator é o inverso do anterior. É fácil de admitir, porém mais difícil de identificar. Em outras palavras, ninguém nunca se sente mal por fazer o trabalho de outra pessoa, e em vendas muitas vezes parece natural para o gestor entrar em ação e salvar o dia (e a venda). Não há vergonha quando você *faz* em vez de *desenvolver*. Na verdade, com frequência o gestor que está garantindo as vendas do vendedor é elogiado. (Mais adiante, vou contar uma história verídica brutal que ilustra bem essa realidade.)

Todos entendemos que em geral é mais fácil e mais rápido fazer uma coisa nós mesmos. Com certeza é mais fácil pescar um peixe para uma pessoa do que treiná-la e orientá-la para que ela se torne uma pescadora habilidosa. E é exatamente por isso que tantos gestores por *default* preferem fazer a liderar ou oferecer coaching. Na maioria dos casos, é mais fácil apenas pegar a vara de pescar e dizer: "Deixem comigo."

É também por isso que um bom percentual dos gestores de vendas tem muita dificuldade em permitir que seus vendedores conduzam plenamente as reuniões de vendas feitas em conjunto. Em geral, quando o gestor acompanha seu vendedor em uma reunião com um cliente em potencial ou com um cliente estabelecido, entra em ação e assume o controle assim que vê que o vendedor está com dificuldade, mesmo a menor delas. Em vez de permitir que o vendedor tropece, se enrole e sue um pouco, eles rapidamente tomam o volante e assumem o controle. É compreensível que queiram salvar a reunião/oportunidade, mas essa tendência tira do gestor e do vendedor uma grande oportunidade de ensino/aprendizado. Posso afirmar que às vezes o valor de deixar o vendedor penar ou mesmo fracassar é maior que o valor temporário de resgatar aquela reunião em particular.

É possível que você esteja agindo como herói por *default* porque é mais fácil do que empreender o esforço pesado de desenvolver seu pessoal?

6. COBRIR UMA DEFICIÊNCIA DE TALENTO EM SUA EQUIPE

Esse fator em especial é brutal não apenas porque existe em praticamente toda empresa, mas porque cria um ciclo indefensável, insustentável e interminável no qual o gestor deve continuar a operar como o herói.

Com muita frequência, gestores agem intencionalmente como heróis diante de alguma deficiência de talento na equipe de vendas. Eles têm total consciência de que há pessoas que não são capazes de fazer bem o trabalho exigido. Mas em vez de botar em prática as técnicas adequadas e maduras da gestão (lidar com mau desempenho, treinar vendedores com problemas para que melhorem ou saiam, e então recrutar e treinar seus substitutos), esses gestores tomam a decisão consciente de viver com esse talento insuficiente.

Falta visão ao gestor quando ele opta por manter vendedores abaixo da meta e os benefícios são temporários. Gestores que adotam essa abordagem salvam-se da aflição de ter que recrutar, receber e aperfeiçoar novos talentos. Mas eles então se veem aprisionados no que parece ser um ciclo permanente de ter que agir para cobrir essa deficiência de talento, então, em vez de resolver o problema, eles ficam presos à necessidade de agir como heróis no longo prazo, forçados a ter que realmente *vender* e servir de muleta para pessoas que não conseguem sustentar o peso da própria responsabilidade.

Recomendo de verdade que você revise a lista compartilhada anteriormente e tire um tempo para processar os fatores comuns que levam gestores a agir como o herói da equipe. Mesmo que você, como gestor mais novo, ainda não se veja entrando em ação para fazer em vez de liderar, treinar e responsabilizar, garanto que em um futuro muito próximo você vai se sentir tentado por pelo menos uma dessas situações. E depois que você começa a agir como herói, é muito difícil se livrar desse comportamento.

INDEPENDENTEMENTE DO MOTIVO, AGIR COMO O HERÓI DA EQUIPE TRAZ CONSEQUÊNCIAS TERRÍVEIS PARA OS GESTORES

Sejam quais forem seus motivos para bancar o herói, as consequências são brutais, tanto no curto quanto no longo prazo.

CURTO PRAZO	LONGO PRAZO
Gestores exaustos	Mata a cultura
Vendedores codependentes	Afasta os melhores talentos
Desenvolvimento atrofiado	Gestor com *burnout*
Mata a credibilidade dos vendedores	Impossibilita que o negócio seja escalável ou sustentável
Passa a mensagem errada para a equipe	Prende o gestor no modo herói
Gestor se transforma em gargalo	É impossível promover o gestor

Antes de apresentar algumas dessas consequências terríveis, vou confessar uma coisa: há um aspecto positivo que não listei anteriormente, embora esse benefício dure muito pouco. No curtíssimo prazo, o gestor que banca o herói pode conseguir mais resultados, especialmente se há uma escassez de talento na equipe. Mas esse é o único benefício, e vale a pena repetir que ele tem vida curta. *Todas as outras consequências são ruins.*

Vamos começar pelo óbvio. É exaustivo quando, em vez de tentar fazer bem nosso trabalho, estamos o tempo todo fazendo o trabalho da equipe. O gestor herói não apenas vive em um estado permanente de sobrecarga; as pessoas sujeitas a essa *liderança* (estou usando esta palavra livremente aqui) *também* sofrem.

Vendedores sob o comando de um gestor herói frequentemente oscilam entre a confusão e a codependência. Eles vivem se perguntando: "Eu devo tomar a iniciativa e assumir a responsabilidade aqui ou devo sempre buscar as orientações e aprovação do meu microgestor?"

Como uma equipe pode trabalhar com eficiência quando seus membros não têm autoconfiança? Como pode ser bom para um negócio um grupo de vendedores codependentes que não conseguem fazer nada sem o gestor, ou têm medo e são inseguros para fazer qualquer coisa por conta própria temendo uma possível represália?

Há uma consequência ainda pior: gestores heróis impedem o desenvolvimento de seus vendedores. Por que as pessoas buscariam se aprimorar se nós vamos fazer o trabalho por elas? Além disso, pense em como isso soa para os clientes. Se é o gestor quem está conduzindo a reunião, quem está respondendo às perguntas do cliente, fazendo a apresentação, tomando as rédeas da negociação e assim por diante, qual é o papel do vendedor? Confesso que estou tendo uma reação visceral aqui, sofrendo com a lembrança de ter vivido isso na pele e de ter ouvido histórias sobre gestores dominadores e controladores! Esse comportamento terrível destrói a credibilidade dos vendedores com seus clientes. Quando o cliente vê o gestor como o principal vendedor e aquele que toma todas as decisões, o vendedor passa a não ter utilidade e, no futuro, o cliente vai querer negociar apenas com o gestor.

Como isso pode funcionar? Ou escalar? Os vendedores basicamente se tornam inúteis. Tornam-se peões. E esse estilo de gestão também transmite uma mensagem muito estranha para a equipe de vendas: é o mesmo que dizer que eles, os vendedores, não são importantes e que o gestor é realmente o centro e o astro da equipe. Não tenho certeza de que essa seja uma mensagem que você vai querer passar.

A última consequência de curto prazo que quero destacar é que, com muita frequência, os gestores heróis se tornam um gargalo. Quando se colocam no centro, insistindo que todo detalhe passe por eles, o progresso é interrompido. Em vez de se multiplicarem em seu pessoal para criar escala e velocidade, acontece o oposto. Todo mundo acaba disputando a atenção, as informações e a aprovação do gestor, enquanto praticamente nada é feito.

E se você não gostou das implicações de curto prazo, espere só para ver o que acontece no longo prazo. Os líderes heróis não apenas destroem o moral e qualquer esperança de manter uma cultura de vendas saudável. Eles também criam uma situação insustentável e indefensável ao construírem um ambiente em que eles devem permanecer como heróis. Como não se confia nas pessoas e elas não são desenvolvidas, gestores acabam presos em um ciclo permanente e previsível de herói em que eles sentem ainda mais pressão para continuar a fazer o trabalho de todo mundo.

Esse ciclo vicioso do herói leva a consequências ainda mais prejudiciais. Bons vendedores ficam de saco cheio e vão embora. Talentos em vendas não querem ser microgerenciados. Por que eles fariam isso? Só os vendedores menos talentosos e mais fracos continuam trabalhando para um gestor herói. E você já entendeu aonde isso vai dar, não é? Exatamente. Gestores heróis vão sempre criar mais e mais justificativas para continuarem agindo como heróis, acumulando ainda mais trabalho e pressão sobre si mesmos e, com o tempo, tendo *burnout* ou desmoronando, derrotados. Como se isso não fosse castigo bastante, o prego final no caixão é que gestores heróis claramente não são promovíveis. Viver o tempo todo sobrecarregado, tentando fazer o trabalho da equipe, confundindo e desmotivando todo mundo e afastando os melhores talentos, não é exatamente a característica de um líder de sucesso ou de alguém que as empresas buscam para ocupar cargos ainda mais altos de liderança. Correr de um lado para o outro tentando fazer o trabalho de toda a equipe significa que você não está atuando como mentor, não está desenvolvendo as pessoas para serem futuros líderes e provavelmente não está viabilizando que mais membros da equipe entrem para o "Clube".

IDENTIFIQUE AS ÁREAS ESPECÍFICAS EM QUE VOCÊ PODE CAIR NO MODO HERÓI

Alguns anos atrás eu estava liderando um workshop para um grande grupo de gestores de vendas de alta performance de uma empresa muito grande. O salão estava lotado, com talvez 130 pessoas, muitas das quais ainda não tinham nem trinta anos. Essa empresa tinha uma cultura de vendas saudável, atraía candidatos de alta qualidade e promovia em pouco tempo jovens vendedores de sucesso para posições de gestão.

Tenho enorme respeito pelos executivos de vendas dessa organização e estava adorando conduzir o encontro, porque os líderes me encorajavam a superar limites e não aceitavam respostas superficiais. Depois de passar informações muito parecidas com o que está sendo compartilhado até agora neste capítulo, dei aos participantes um tempo para fazerem o seguinte exercício de autorreflexão (e recomendo que você também faça):

Como líder da equipe de vendas, reflita sobre as áreas e aspectos de seu trabalho listados abaixo e se pergunte em quais e como você pode estar operando e se posicionando como herói em vez de criador de heróis.

- Sua atitude e sua visão de seu papel como gestor de vendas.

- Suas palavras quando se dirige à equipe ou a vendedores individualmente.
- Sua agenda (e como você decide quem e o que recebe sua atenção).
- Como você prepara a equipe de vendas para reuniões de vendas, reuniões com clientes ou apresentações.
- O papel que você desempenha durante reuniões de vendas e apresentações ou enquanto monta propostas importantes.
- Como você aborda treinar membros da equipe ao criar estratégias para oportunidades de venda.
- Como as pessoas descreveriam seu estilo de gestão.
- Como você informa os resultados da equipe de vendas para o resto de sua organização.

Em que áreas você se viu "fazendo" em vez de treinando ou liderando?

Onde você está "ditando" — dizendo ao seu pessoal o que fazer e como fazer — em vez de orientando e se "multiplicando" nos outros?

Faça uma lista de exemplos específicos de como e quando você estava agindo como herói e as respectivas consequências resultantes dessa decisão/abordagem.

Eu gostaria muito que estivéssemos juntos na mesma sala para que eu pudesse ouvir seus insights e ideias após essa reflexão. Com base em minha experiência liderando sessões com novos gestores, tenho certeza de que você foi capaz de identificar pelo menos uma área — mais provavelmente várias — em que você tem a tendência de agir como herói em vez de se concentrar em produzir heróis.

QUE ESSA HISTÓRIA DE TERROR SOBRE UM HERÓI SIRVA COMO UM LEMBRETE PODEROSO

Depois de dar a esse grande grupo de gestores bastante tempo para refletir sobre a lista, eu os encorajei a *confessar seus pecados de herói* para os colegas sentados a sua volta. Como costuma ser o caso durante discussões, o salão ficou muito barulhento, e havia muitos risos e apontar de dedos nas mesas redondas.

Em uma mesa no fundo, porém, percebi participantes escutando atentamente uma mulher jovem. Eles mantinham uma expressão séria, ninguém estava rindo. Observei de longe enquanto essa gestora falou por vários minutos, obviamente contando alguma coisa significativa para seus colegas de mesa.

Quando chegou a hora de concluir a discussão em grupo, peguei o microfone e pedi às pessoas que levantassem a mão se alguém em suas mesas tivesse compartilhado uma observação ou confissão significativa. Muitas mãos foram erguidas pelo salão, mas quando olhei para a mesa da mulher que capturara a atenção do grupo, todas as mãos estavam erguidas. Olhei fixamente para a mesa em questão, por tempo suficiente para que todas as outras mesas se virassem para ela, movimentei a mão e perguntei apenas: "Alguém gostaria de dividir algo conosco?"

Todo mundo na mesa apontou para a mulher, dizendo em uníssono: "Meredith gostaria!" Meredith (que não era o nome verdadeiro dela) se levantou enquanto um dos vice-presidentes levava um microfone até ela. Hesitante, começou a contar a história que tinha acabado de dividir com sua mesa.

"Eu amo esta empresa e fiquei tão grata por ter sido promovida e pela chance de liderar uma equipe no ano passado que me comprometi a fazer qualquer coisa para que as pessoas em minha equipe tivessem sucesso. E nós tivemos. Não apenas superamos nossa meta de vendas, como duas pessoas de minha equipe chegaram ao clube do presidente."

O salão ficou em completo silêncio — e confuso —, antecipando o que poderia vir em seguida e se perguntando qual seria o desfecho dessa história. Meredith fez uma pausa para recuperar a compostura e continuou a falar em pouco mais que um sussurro.

"Este ano eu tive que demitir essas duas pessoas." Ela tornou a fazer uma pausa, com 130 pares de olhos e ouvidos totalmente focados nela.

"A verdade é que eu estava tão comprometida a fazer *o que fosse* necessário para vencer e provar que eu pertencia ao cargo que acabei pecando por excesso de zelo. Então me meti em toda oportunidade de venda que pude e, olhando para trás e sendo totalmente honesta, fui eu quem 'conquistei' o clube do presidente para aqueles dois representantes. Eu vendi por eles. Eu fiz seus trabalhos. Muito bem, vale acrescentar."

Meredith sorriu e soltou um divertido suspiro de alívio. Todo mundo respirou de alívio também. Algumas pessoas riram, relaxadas, e a tensão começou a deixar o salão.

Ela continuou:

"Esse ano, um pouco mais madura, eu me dei conta de que não era possível continuar gerenciando daquele jeito. Então parei de ir a toda reunião de vendas possível e tentei ser mais uma mentora, mas não demorei muito para perceber que aqueles dois representantes que eu tinha *mandado* para o clube estavam com problemas. Na verdade, era *eu* quem estava com problemas, porque assim que tirei a mão do volante ficou óbvio que era impossível treinar esses representantes e que eles não eram capazes de vender por conta própria. Fiz o possível para treiná-los, mas não funcionou. Os dois foram parar nos planos de melhoria de desempenho, e estou diante de vocês hoje como provavelmente a primeira gestora de vendas da história que demitiu dois representantes de vendas que tinham ido para o clube no ano anterior."

Seja pela dolorosa confissão pública da jovem e fervorosa Meredith, ou pelo gestor de vendas veterano de sessenta anos que, em um estado de exaustão, gritou em uma sessão que não aguentava mais aquilo e que queria sua vida de volta, convido você, gestor novato, com todas as minhas forças, a entender esta lição agora. Independentemente das circunstâncias, você não pode vencer o jogo da gestão no longo prazo bancando o herói. Isso impossibilita que o negócio seja escalável ou sustentável. Na melhor das hipóteses, é uma solução de curto prazo. Isso vai matar sua cultura, sua carreira e sua qualidade de vida.

Antes de abordarmos os elementos críticos da gestão inteligente de talentos nos próximos capítulos, peço que tire mais um momento para reexaminar as causas e consequências de entrar no modo herói e refletir sobre as áreas em seu trabalho em que essa abordagem mortal se manifesta (ou pode se manifestar no futuro).

Alegria, satisfação no emprego, resultados de vendas e sucesso de longo prazo máximos vão para os gestores que aprendem a vencer através de seu pessoal!

RECURSO BÔNUS

Você pode baixar a avaliação Líder Herói em Vendas ou Criador de Heróis em mikeweinberg.com/thefirsttimemanager [em inglês].

6
Seu trabalho é muito mais fácil com as pessoas certas na equipe

Não há como evitar esta verdade simples: para obter grandes conquistas como gestor de vendas, você deve ter as pessoas certas na sua equipe; manter seus melhores vendedores e maximizar seu desempenho; e rapidamente treinar ou afastar aqueles que tenham desempenho insuficiente. Neste capítulo começamos nossa jornada pela gestão inteligente de talentos em vendas, ajudando você a atrair os vendedores certos e afastar os errados.

Não tenho certeza de que há um tópico mais misterioso ou desafiador na gestão de vendas do que selecionar talentos. Toda vez que ministro um curso, há inúmeras perguntas em torno de recrutar e entrevistar. Honestamente, é fácil entender a confusão, porque muitas vezes fico confuso com o que observo:

- Descrições de emprego confusas e floreadas que alcançam o oposto do que esperávamos.

- Departamentos de RH que parecem não saber nada sobre os atributos de vendedores de alto desempenho.

- Entrevistas informais em lugares públicos (como lanchonetes e cafeterias).

- Gestores que dominam entrevistas falando setenta por cento do tempo e que parecem mais interessados em vender sua empresa do que em sondar as preferências, os conhecimentos e o desempenho anterior do candidato.

- Falha em criar um ambiente de entrevista que permita ao gestor determinar se a pessoa consegue realmente vender.

Com base na lista acima, não é surpresa que gestores frustrados e confusos estejam sempre em busca de ajuda e perspectiva para elaborar as melhores práticas de contratação.

> EM GESTÃO DE VENDAS, NÃO HÁ DECISÃO MAIS IMPORTANTE DO QUE *QUEM* VOCÊ ACRESCENTA À SUA EQUIPE!

Antes de explicar melhor como conduzir entrevistas excelentes, é importante desfazermos alguns mitos sobre talento em vendas e também examinar o que chamei de "Duas Leis de Ferro do Recrutamento".

A FALÁCIA DO SUPERASTRO EM VENDAS EXTREMAMENTE COLABORATIVO E SOCIÁVEL

Tenho total consciência de que talvez você me veja como um herege perdido depois de ler isso. E embora o velho ditado "as pessoas compram de quem elas gostam" seja pelo menos em parte verdadeiro, o que explico a seguir precisa ser dito do jeito mais direto possível.

Os melhores vendedores exibem estas duas características:

- São altamente competitivos.

- Não são avessos a conflito (o que significa que eles não recuam diante de uma briga).

Por isso, ainda que o departamento de RH goste de escrever descrições de cargo calorosas e vagas, sempre encorajando a busca por colaboradores gentis, agradáveis e muito sociáveis para sua equipe de vendas, eu discordo veementemente dessa ideia e ofereço uma perspectiva oposta. Como os melhores vendedores do planeta Terra, não importa seu papel específico (ou seja, podem ser captadores de clientes ou gerentes de contas encarregados de manter e aumentar a receita com contas existentes), são extremamente competitivos e não temem o conflito, nós não deveríamos estar buscando pessoas impetuosas em vez de colaborativas?

Calma, não estou sugerindo de jeito nenhum que você recrute babacas desagradáveis e difíceis; estou defendendo enfaticamente que, se quisermos vencer como gestores de vendas, precisamos de pessoas que exibam as características de vencedores em vendas. E com muita frequência, as pessoas ultracompetitivas — dispostas a defender as empresas/soluções que elas representam (e a si mesmos); que fazem pressão diante de resistência ao prospectarem; que derrubam objeções; que tiram executivos de sua zona de conforto; que asseguram os passos seguintes; que fazem o acompanhamento com atenção; que vendem com confiança sem precisar oferecer desconto; que solicitam e fecham negócios... Essas pessoas não se parecem nem um pouco com o perfil colaborativo que o RH tanto busca em suas fantasias.

Mais uma vez, esses atributos vencedores em vendas não se aplicam apenas aos vendedores em papel de prospecção de clientes. Os gerentes de contas ou de praça com alto desempenho se veem como muito mais do que gloriosos representantes de serviços ao consumidor. Eles não são apenas pacifistas e guardiões da paz que tranquilizam e cuidam dos clientes, fazem a entrega de peças pessoalmente ou anotam encomendas. Os melhores gerentes de contas realmente *vendem*. Eles são proativos. Eles *penetram* nas contas, criam novos relacionamentos e expandem os existentes, e, como um Pac-Man, vão devorando o máximo possível de novos negócios.

E enquanto esses gerentes de contas ou de praça de alta produtividade podem realmente ser agradáveis e muito sociáveis, eles são, acima de tudo, profissionais focados em resultados, que jogam para ganhar e não têm medo de ir atrás de novos negócios.

Por isso tenha muito cuidado quando pessoas que não entendem tanto de vendas opinam sobre o melhor perfil de funcionário para sua equipe. Eu garanto a você, gestor de vendas, que se sua equipe não entregar os resultados, ninguém vai ovacioná-lo ou ignorar o baixo desempenho só porque você montou uma equipe muito sociável e agradável.

AS DUAS LEIS DE FERRO DO RECRUTAMENTO

Gestores que levam a sério a construção de culturas e equipes vencedoras levam a sério o recrutamento. Com meus anos de observação de líderes que fazem isso bem e outros que não fazem, escrevi o que chamo de as Duas Leis de Ferro do Recrutamento:

LEI DE FERRO 1: RECRUTE ANTES DE PRECISAR

O segredo de se tornar um recrutador de muito sucesso é recrutar antes que isso seja uma necessidade. Imagine como seria mais rápido e mais fácil preencher uma vaga de emprego se houvesse uma *reserva* de candidatos que você já vinha preparando?

Passei muito tempo trabalhando com empresas de recrutamento altamente bem-sucedidas — tanto como coach quanto como cliente. Quer saber uma das razões para elas terem tanto sucesso na colocação dos candidatos perfeitos? *Elas recrutam antes de isso se tornar realmente necessário.* Quando esses recrutadores de elite empreendem uma nova busca, não começam do nada. Eles buscam na rede de candidatos passivos que já vinham cultivando e quase sempre têm diversos profissionais ideais para o cargo prontos para serem convocados.

De forma similar, gestores de vendas que fazem do recrutamento uma prioridade, que ousam reservar tempo para recrutar antes de terem a necessidade, mesmo quando não há nenhuma vaga aberta, esses sim estão preparados para contratar o melhor candidato! O desafio — semelhante à nossa discussão anterior sobre como o treinamento proativo é de suma importância, mas raramente urgente — é que a maioria dos gestores está tão ocupada tentando sobreviver à pressão do dia a dia que se torna impossível racionalizar o valor do tempo para recrutar quando não há urgência.

O título deste capítulo não é uma falsa promessa. Se você quer tornar seu trabalho mais fácil e está comprometido a construir uma equipe vencedora, *precisa* arranjar tempo, mesmo que sejam apenas algumas horas por mês, para recrutamento proativo. Como? Monte sua rede de referências. Converse com clientes. Procure fornecedores. Cultive uma cultura de referências lembrando com regularidade a seus associados que você está sempre interessado em conhecer candidatos em potencial para papéis de vendas. Entre no LinkedIn. Entre em contato com vendedores da concorrência.

Não há problema em publicar uma descrição de cargo e começar a se encontrar com candidatos mesmo que você não tenha uma vaga aberta. Sim, eu disse isso mesmo. E isso não é apenas permitido; é, de fato, uma boa prática. Marque reuniões ou cafés com pessoas que podem ser candidatos interessantes mesmo que você não tenha uma necessidade iminente (uma vaga aberta para preencher).

Sei que este conceito pode parecer loucura, mas deixe-me perguntar... se por acaso você encontrasse o *candidato perfeito* (realmente *perfeito*), alguém que faria você se arrepender por anos se não tivesse aberto uma vaga para ele em sua equipe, não faria tudo em seu poder para encontrar ou criar uma posição para essa contratação ideal? Eu faria isso, mesmo que tivesse que implorar, pegar emprestado e roubar (de algum outro lugar no orçamento)!

Há outro benefício de recrutar continuamente antes da necessidade: isso reforça nossa cultura de alto desempenho, enviando a toda a equipe e aos associados a mensagem clara de que somos sérios em relação a vencer, que estamos *abertos para negócios* e sempre à procura dos melhores talentos. E, embora não seja uma motivação primária para o recrutamento contínuo, essa abordagem da gestão de talentos também serve de alerta para quem tem baixo desempenho. Essas pessoas se tornam muito conscientes de que estamos montando uma equipe de elite e que todos devem fazer jus ao cargo que ocupam.

LEI DE FERRO 2: NUNCA CONTRATE UM CANDIDATO ABAIXO DA MÉDIA DA EQUIPE

Essa lei é muito simples e impede que gestores façam o que é mais oportuno em vez do que é certo. Nós nunca, jamais, contratamos um candidato que não seja melhor do que a média da equipe.

Isso é um princípio inegociável na gestão inteligente de talentos. Deixe-me explicar ainda melhor por que violar a Lei de Ferro 2 nos coloca em uma encosta perigosa e escorregadia da qual é quase impossível não cair: *Se o candidato não elevar o padrão (o nível médio de talento), evite.*

Sei o que você está pensando, porque ouvi isso inúmeras vezes.

"Como assim, Mike? Você não está entendendo. Eu tenho lacunas em minha equipe que precisam ser preenchidas. Tenho que fazer meu trabalho ao mesmo tempo que tento, sem sucesso, cobrir as ausências e recuperar o atraso criado por essas vagas abertas. Sem falar em todo o tempo perdido com recrutamento e entrevistas. Não estou dizendo que vou aceitar pessoas incompetentes ou alguém que se finge de morto, mas é difícil encontrar talentos, e parece que vou fazer ofertas para candidatos cujo nível de competência está significativamente abaixo dos medianos de minha equipe."

Mais uma vez, eu entendo, mas estou pedindo que você discuta essa noção de "aceitar o que vier" comigo. O que vai acontecer logo depois que você começar a levar para seu time pessoas, ou mesmo uma pessoa, que na verdade diminui o padrão? Pense nisso por um momento. Que mensagem você está transmitindo para os membros da equipe? Na fração de segundo em que as pessoas acharem que você aceitou qualquer coisa, que você, o líder, jogou a toalha e contratou alguém que não está no mesmo nível que elas, o que você acabou de fazer para sua (suposta) "cultura de alto desempenho"?

Ao abordar esse assunto durante workshops, frequentemente cito um brilhante consultor de liderança e guru de talentos com quem trabalhei. Davis Kuenzle lembrava a seus executivos (e eu me incluo entre eles) que, seja lá qual for a urgência da missão de aumentar a equipe ou preencher posições críticas que estejam vagas, "quase sempre prender a respiração é melhor do que exalar mau hálito". E David me lembrava que esse ponto era duplamente verdade na busca por talentos em vendas. Por mais estressante que possa ser ter uma vaga em aberto na equipe no longo prazo, é melhor esperar até encontrar a pessoa certa do que simplesmente preencher a vaga para reduzir um problema no curto prazo.

Deixe-me, porém, mencionar uma exceção. A Lei de Ferro 2 não se aplica quando falamos de adicionar um "novato". Se você está buscando um recém-formado ou alguém com pouca ou nenhuma experiência, é claro que vai correr atrás de um novato do mais alto calibre, mas essa nova contratação obviamente não vai subir o nível da equipe. Pessoalmente, adoro contratar pessoas sem experiência em vendas e gosto do processo de ser o mentor delas para que se tornem vendedoras profissionais. É incrível quando um desses novatos se transforma em um superastro das vendas. Então, por favor, não deixe que a Lei de Ferro 2 o desencoraje de trazer candidatos inexperientes para sua equipe.

TRÊS GRANDES ERROS QUE SABOTAM ENTREVISTAS EM VENDAS

Quando já temos claras as características desejadas em nossa contratação ideal, estamos comprometidos com a política de recrutar antes de haver real necessidade e nunca nos conformamos com um candidato que não consiga elevar o nível, é hora de melhorarmos nossas entrevistas.

Observo três erros comuns que fragilizam a capacidade do entrevistador de separar o joio do trigo, os vencedores dos perdedores e de fazer excelentes contratações:

FALAR DEMAIS

Se vendedores devem falar menos e escutar mais durante reuniões de vendas, gestores precisam parar de falar tanto durante entrevistas. Nós queremos que o vendedor esteja na berlinda. Nós precisamos que o *vendedor* (o candidato) fale muito mais do que nós. Então precisamos tomar cuidado para não impedirmos isso, transformando a entrevista em uma apresentação para tentar impressionar o candidato, promovendo nossas qualidades e também as da empresa e sua cultura. O verdadeiro propósito da entrevista (que nós com frequência esquecemos) é descobrir se o candidato pode vender, não nós *vendermos* para o candidato!

NÃO CONSEGUIR FAZER COM QUE OS CANDIDATOS SE VENDAM

O segundo erro comum é não descobrir efetivamente se os candidatos têm o que é preciso para ter sucesso em vendas. A partir da entrevista e das nossas impressões, podemos presumir certas coisas sobre eles e sua capacidade, mas não necessariamente colocamos os candidatos em situações que demonstrem sua habilidade em vendas.

SER PREVISÍVEL DEMAIS

Com muita frequência as entrevistas que conduzimos são previsíveis. Previsíveis demais. É como se os candidatos soubessem o que está por vir. Eles ouviram milhões de vezes as mesmas perguntas de várias formas e estão prontos com respostas um tanto ensaiadas. Quando não desafiamos os candidatos com perguntas criativas que os forcem a reagir no momento, não aprendemos nem perto do que poderíamos aprender com as entrevistas.

***

A combinação fatal de gestores muito previsíveis, falastrões e incapazes de forçar os candidatos a demonstrarem sua habilidade em vendas produz entrevistas ineficazes. Tão ineficazes que muitas vezes somos enganados... e levados a contratar candidatos de quem gostamos, mas, na realidade, sem saber se vão ter sucesso no emprego.

Antes de mergulhar em minhas perguntas favoritas de entrevistas, vamos fazer uma pausa para ampliar a questão dos vieses que nos fazem gostar de alguém. No início deste capítulo dei a você a oportunidade de me declarar um herege por não levar esse fator a sério. Não é que ser agradável não seja importante; é. Mas uma pessoa apenas agradável não vai ter sucesso em vendas. Conheci muitos, muitos vendedores bastante agradáveis que estavam no fim do ranking. Eu tive a experiência desagradável de ter que demitir vários que eram não apenas agradáveis, mas adoráveis. Uma das piores experiências no trabalho é ter que demitir um ser humano maravilhoso porque ele não era apropriado para a função. A realidade dura é que vendas *têm a ver com resultados*. Sem outros fatores-chave, ser uma pessoa agradável não se traduz necessariamente em sucesso significativo em vendas.

Sei que isso parece óbvio, mas nossa missão mais importante ao selecionar um candidato é entender se essa pessoa pode vender. E a melhor maneira de conseguir isso é ver como o candidato se comporta em um ambiente de vendas. Portanto, nosso trabalho é fazer a entrevista de emprego se assemelhar a uma reunião de vendas o máximo possível. Essa é a nossa melhor chance de observar em primeira mão a habilidade em vendas do candidato — que, nesse caso, se traduz em sua capacidade de vender a si mesmo. Sendo muito claro aqui: se seus candidatos não conseguem se vender durante a entrevista, como eles vão conseguir ter sucesso vendendo um produto/serviço/solução? A coisa mais fácil para um vendedor deveria ser vender a si mesmo. Certo?

Antes de examinarmos uma lista de perguntas favoritas e úteis de entrevistas que realmente ajudam a determinar a eficácia em vendas de um candidato, deixe-me dar algumas dicas para avaliar se o seu entrevistado se preparou bem para essa *reunião de vendas* com você.

Profissionais de verdade se preparam. Portanto, desde o momento em que cumprimentamos candidatos, estamos à procura de pistas de que eles se prepararam muito bem para a entrevista. Com que velocidade eles demonstram ter pesquisado sobre a empresa? Eles analisaram publicações recentes das redes sociais e aplicaram o que aprenderam para se conectar com o futuro empregador com mais facilidade? Leram releases recentes de sua empresa ou aprenderam algumas coisas significativas sobre você e o negócio para poderem mencionar essas descobertas na conversa com tranquilidade e naturalidade? A questão fundamental é: eles se dedicaram da mesma forma que esperaríamos que fizessem antes de ir para uma reunião de vendas? Ou eles estão improvisando?

Minha filha, Haley, recentemente terminou um mestrado em paisagismo e planejamento urbano em um excelente programa nacional. Como seu coach pessoal de vendas, foi meu privilégio ajudar Haley a se preparar para entrevistas. Ela conseguiu uma com o diretor de uma empresa progressista e bem conhecida que fazia exatamente o tipo de trabalho em bairros carentes que interessava a ela. Enquanto treinava Haley, lembrei a ela com delicadeza que sua formação era a coisa mais óbvia. "Haley, eles sabem que você acabou de terminar uma pós-graduação em um dos cinco melhores programas no país para esse tipo de arquitetura. Eles sabem que você está tão preparada quanto uma arquiteta novata pode estar para seu primeiro emprego. São outras coisas, como seu desejo, sua paixão e seu profissionalismo, que vão conquistá-los na entrevista." Eu a encorajei a procurar no YouTube palestras recentes do diretor da empresa e investir tempo em outras plataformas vendo o que líderes da empresa estavam falando sobre o trabalho e sobre o que importava para eles. Ela não apenas descobriu algumas pérolas, mas fez o trabalho extra de preparação, encontrando um modo de inserir o que tinha aprendido em suas respostas durante a entrevista. O coach de vendas dela está sorrindo enquanto digita isso ☺. Não é exatamente esse o tipo de preparação que queremos que nossos vendedores façam antes de se reunirem com clientes?

Além de determinar se o candidato investiu tempo e energia para fazer uma pesquisa apropriada, também estou sempre curioso para saber se eles se prepararam para se vender. Eles praticaram contar a própria história? Podem articular com clareza os sucessos que estão relatando para você? Eles se esforçaram para botar tópicos no currículo e conseguiram entrelaçar com naturalidade essas histórias de sucesso durante a entrevista? Ou você precisou lutar para fazer o candidato expor suas virtudes?

Ultimamente, tive diversas entrevistas frustrantes nas quais os candidatos pareciam incapazes de articular seus sucessos. Isso é um importante sinal de alerta. Mais uma vez, se um candidato a um cargo de *vendas* tem dificuldade para exaltar a qualidade do próprio trabalho, como podemos esperar que ele exalte com eficácia os produtos e as soluções que o estamos contratando para vender?!

> SE UM CANDIDATO A UM CARGO DE *VENDAS* TEM DIFICULDADE PARA EXALTAR A QUALIDADE DO PRÓPRIO TRABALHO, COMO PODEMOS ESPERAR QUE ELE EXALTE COM EFICÁCIA OS PRODUTOS E AS SOLUÇÕES QUE O ESTAMOS CONTRATANDO PARA VENDER?!

Recentemente, como favor para um amigo, fiz uma reunião de networking com um homem que estava à procura de um emprego na área de vendas. Ele tinha um currículo impressionante, mas quando perguntei o que ele tinha mais orgulho de ter realizado no último lugar em que trabalhou, recebi uma resposta um tanto sem graça. O que ele contou foi tão fraco que semicerrei os olhos, sacudi a cabeça e intencionalmente lhe lancei um olhar intrigado, então perguntei outra vez, tentando fazer com que ele explicasse uma das joias mais impressionantes de seu currículo. "Está bem, e *do que mais* você se orgulhou?" Depois de mais uma resposta fraca, comecei a enxergar o motivo de sua dificuldade para conseguir um emprego em vendas! Olhei atentamente para meu novo amigo e então apontei para o tópico em seu currículo que destacava o aumento significativo de vendas que ele tinha conseguido em um período de três anos. Aflito, esperando despertá-lo de seu torpor, perguntei: "Por que você não mencionou esse crescimento das vendas quando perguntei o que você tinha realizado?!"

Vendedores precisam vender. Precisam ser capazes de conduzir uma conversa de vendas e apresentar suas propostas de um jeito atraente e interessante. Eles não vão ter sucesso apenas entregando catálogos. E, de forma semelhante, se um candidato acha que um currículo bem escrito vai superar sua incapacidade de se *vender para você* durante a entrevista, ele está muito equivocado.

SETE PERGUNTAS FAVORITAS PARA AVALIAR CANDIDATOS A VENDAS

Para testar apropriadamente candidatos, queremos criar um ambiente com um grau de incerteza semelhante ao de uma reunião de vendas. As perguntas abaixo vão ajudá-lo a ver através da cortina de fumaça, deixar de lado as informações que não importam e observar como candidatos pensam e reagem em uma situação real de vendas, tornando mais fácil para você determinar melhor se eles serão capazes de vender bem.

1. POR QUE ESTAMOS AQUI?

Eu começo toda entrevista com esta pergunta: "Por que estamos aqui?" É uma pergunta capciosa que deve alertar imediatamente o candidato de que essa não vai ser uma entrevista padrão, comum. A pergunta é intencionalmente vaga e fornece uma oportunidade para ver como o entrevistado lida com um questionamento que não estava esperando.

Geralmente, o candidato repete a pergunta para mim, então apenas abro um sorrisão e falo: "Exatamente. Por que estamos aqui?" Dessa forma, bem no início da entrevista você tem a oportunidade de observar seu candidato improvisar em uma situação delicada. Dependendo da resposta, eu posso fazer outra pergunta para que ele explique melhor algo que mencionou, ou apenas deixo como está e sigo em frente para minha próxima pergunta favorita.

2. QUAL É O SEU LANCE?

Cinco palavras simples: "Qual é o seu lance?" Faço essa exata pergunta, então me calo, porque é isso que a gente faz quando está sondando, certo? A gente deixa o silêncio se estender e presta muita atenção ao que acontece em seguida. Mais uma vez, o candidato, surpreso, provavelmente vai repetir o questionamento: "Qual é o meu lance?" Resista à vontade de entrar em ação e dar mais instruções, porque o que vem em seguida diz muito.

Com frequência as pessoas interpretam (equivocadamente) o que estou buscando aqui e começam uma recapitulação (entediante) de toda a história de sua carreira, basicamente leem seu currículo. Como estou avaliando sua habilidade em vendas e prestando atenção se eles estão acompanhando minha linguagem corporal à sua resposta longa e entediante, deixo que continuem. E continuem. E continuem.

Costumo fazer essa pergunta porque meu candidato ideal vai responder algo maravilhoso e interessante como: "Eu amo vendas. Estou aqui porque procuro uma oportunidade incrível para fazer a diferença para meus clientes, para meu empregador e para mim mesmo. Parece que a vaga que você está tentando preencher se encaixa perfeitamente com minhas habilidades e minha experiência, e espero mostrar a você como poderia trazer um valor tremendo para sua organização e por que sou o melhor candidato para o cargo."

Como você pode imaginar, é muito raro ouvir esse tipo de resposta, mas eu amo a pergunta "qual é o seu lance?" porque ela nos ensina muito sobre o candidato. E se a pergunta não produzir muita informação útil, especialmente sobre a paixão da pessoa por vendas, eu, então, posso perguntar "Quem foi um mentor de vendas valioso para você?", ou "Você pode descrever sua filosofia pessoal de vendas?" Esses questionamentos preparam o terreno para a etapa seguinte.

3. CONTE-ME: POR QUE VOCÊ AMA VENDAS?

Essa é uma pergunta importante, porque vendas estão tão ou mais relacionadas com o coração do que com a cabeça. Não estou interessado em acrescentar à minha equipe pessoas que não amam o que fazem. Como escrevi em outro lugar, pode haver contadores, engenheiros de software e gerentes de projeto que fazem um bom serviço sem serem apaixonados por seus trabalhos, mas nunca conheci um vendedor de sucesso sem paixão. Nós não podemos nos dar ao luxo de contratar alguém que não ame vender!

Então apenas faço a pergunta à queima-roupa e fico esperando sentado que respondam. "Conte-me: por que você ama vendas?" Não vou interromper o candidato, e se ele fizer uma pausa ou hesitar por muito tempo e eu ainda não estiver satisfeito, inclino a cabeça para comunicar que estou querendo mais. Do meu ponto de vista, se não conseguem responder bem a essa pergunta, praticamente a conversa termina aí. Se a pessoa não ama vender e não demonstra ser competitiva, orientada por resultados e interessada em trabalhar com independência, se não parece orgulhosa em falar sobre seus sucessos anteriores e por que as vendas estão em seu sangue, então certamente haverá candidatos melhores por aí.

A essa altura, passamos pela fase de *aquecimento* da entrevista e começamos a ter uma noção dos aspectos intangíveis que essa pessoa trará para o grupo e se ela se sairá bem em situações desconhecidas e desconfortáveis. Agora é hora de fazer a transição para as perguntas *pesadas* e aprender sobre o sucesso passado do candidato e como eles vão lidar com o emprego.

4. PODERIA ME CONTAR SOBRE ALGUNS DE SEUS SUCESSOS RECENTES EM VENDAS E SUAS MAIORES CONQUISTAS?

É aqui que faço o vendedor falar muito sobre seu sucesso recente. Obviamente, isso funciona bem apenas com alguém que já trabalhou com vendas antes e teve alguma experiência bem-sucedida (o que faz deles candidatos mais fortes). Mais uma vez, quando estou contratando um vendedor, em geral não estou procurando um novato, então os detalhes do sucesso anterior são de suma importância.

"Poderia me contar sobre algumas de suas conquistas recentes? Eu adoraria ouvir você se gabar de algumas de suas vitórias em vendas." Candidatos que têm um passado de sucesso sorriem quando lhes perguntam isso, e você pode ver aqueles que não têm sucessos memoráveis fazerem uma ginástica mental para descobrir o que vão dizer a você. E, enquanto eles estão processando isso, eu acrescento esse pequeno adendo: "E eu quero ouvir a história inteira."

Obter o quadro completo é particularmente importante quando estamos entrevistando para uma vaga de captador de clientes. Nós precisamos descobrir se essa pessoa sabe mesmo prospectar — se ela pode gerar por conta própria oportunidades de vendas e se ela entende como preencher o topo do funil de vendas. Para ajudar o candidato a entender melhor o que estou buscando, costumo reiterar que quero a história inteira, desde o começo. "Conte-me como você decidiu ter como alvo esse cliente em potencial, como marcou a reunião, como criou a oportunidade, como se encontrou com os interessados, fez a descoberta eficaz, avançou no negócio, usou seus recursos, e então conte algum detalhe do que aconteceu através da apresentação, proposta e estágios de negociação até fechar o negócio."

Dá para ver qual é meu objetivo com isso, certo? Como gestores em processo de contratação, esses detalhes importam e nos ajudam a separar os captadores de vendas profissionais dos impostores. É imperativo para nós ter um quadro preciso da perspicácia em vendas do candidato e sua habilidade para criar, desenvolver e fechar negócios. As respostas a essa pergunta são tão importantes para a escolha de captadores porque fornecem um insight valioso sobre a capacidade do candidato de *criar* (gerar por conta própria) oportunidades de vendas. Isso é *decisivo* se vamos botar alguém em uma posição que exija prospecção de novos negócios. Se esperamos que a nova contratação preencha proativamente o alto do pipeline com novas oportunidades, é uma boa ideia nos certificarmos de que a pessoa foi bem-sucedida fazendo isso no passado!

Quando peço detalhes sobre a criação de oportunidades de vendas, os candidatos geralmente começam a contar a história no meio do ciclo de vendas, porque é quando a oportunidade foi entregue a eles ou porque marca o momento em que eles se envolveram. Eles não tiveram que prospectar ou gerar a oportunidade. O lead foi fornecido pelo marketing ou por um representante de desenvolvimento de negócios, ou um cliente existente expressou uma necessidade. Quase sempre a oportunidade se materializou porque o cliente em potencial foi ao mercado à procura de um novo fornecedor ou para fazer uma solicitação de proposta. Há uma grande diferença entre um vendedor competente em *perseguir* uma oportunidade apresentada a ele e o vendedor adepto de *criar* oportunidades de forma proativa em vendas. Eu repito: se você está procurando um captador de vendas, sugiro que identifique com clareza a disposição, a habilidade e o sucesso dos candidatos na execução dessa tarefa.

Forçar candidatos a articular os detalhes de um sucesso recente em vendas também protege gestores de cometer um erro fatal muito frequente: contratar o veterano da indústria. Esse erro comum ocorre quando contratamos alguém que *supostamente* é, ou era, um grande produtor em um negócio semelhante ou concorrente. A pessoa *supostamente* vem pronta para chegar matando, conhece a indústria e até vem com, perdoe a expressão, uma agenda telefônica de contatos e relacionamentos sólidos.

Perdi a conta de quantas empresas foram enganadas e entraram nesse pesadelo. Nós supomos (equivocadamente) que, só porque essa pessoa teve muito sucesso no passado em um concorrente, ou em algum outro lugar na indústria, ela vai continuar assim. Então fazemos uma oferta para o veterano grisalho da indústria porque parece a aposta segura, e então, meses depois, nos perguntamos o que aconteceu. Por que esse *suposto* astro não está nos trazendo vendas? Bem, o que acontece é que nós não fizemos as perguntas certas nem descobrimos que esse veterano da indústria já tinha se "aposentado no posto" muito tempo atrás. O vendedor tinha alta produtividade em sua empresa anterior só porque estava lá havia mais tempo, o que lhe dava o direito de gerir as maiores contas, e consequentemente ele fazia as maiores vendas. É fácil ter alta produtividade quando os melhores clientes, oportunidades e leads são entregues a você! Mas agora, ao ser contratado como seu vendedor, em um novo negócio, o campo de jogo não está a seu favor. Não apenas ele não tem as maiores contas ou recebe os melhores leads, como também você se vê diante da triste constatação de que as habilidades e a paixão desse veterano dispendioso se atrofiaram. Ele perdeu tanto o desejo quanto a disciplina para prospectar novos clientes.

A pergunta "poderia me contar a história toda?" evita a contratação de pessoas ótimas apenas em teoria, impostoras se posicionando como especialistas em captar clientes e veteranos que se aposentaram do cargo anos antes. É nosso trabalho forçar os candidatos a detalhar sucessos recentes e obter a história inteira, do princípio ao fim. "Sucessos", no plural, porque estamos à procura de mais de um. Se esse candidato é um vencedor, deve ter muitas histórias bem-sucedidas que está animado para contar. E não há nada mais empolgante do que se surpreender com várias delas e perceber que o entrevistado é o vendedor ideal.

5. O QUE VOCÊ FARIA NOS SEUS PRIMEIROS SESSENTA DIAS?

Essa é uma das minhas perguntas favoritas porque ela não apenas revela o quanto os candidatos se prepararam para a entrevista, como também, e mais importante, fornece uma janela para como eles pensam e vão lidar com o trabalho. Eu me refiro a ela como a pergunta "da situação em sessenta dias".

Diga para o candidato:

Vamos supor que você entre para a nossa equipe. Em sua primeira semana, passa por uma orientação básica. Nós providenciamos seu endereço de e-mail, o apresentamos a algumas pessoas-chave na empresa, fornecemos o suéter com zíper com a nosso logo, um copo térmico grande também com a logo e seus cartões de visita.

Eis o que quero que você faça: desenrole essa situação para mim. Depois que o recebemos a bordo e passamos por essa breve orientação, eu (seu gestor de vendas) tiro licença sabática de sessenta dias. Vou estar fora de contato por dois meses. O que você vai fazer? Quero saber como vai lidar com seu trabalho nesses primeiros sessenta dias. Por onde você começaria? O que vai aprender? Como vai fazer o trabalho e atacar o mercado? O que vai realizar durante esses sessenta dias em que eu estiver fora e você estará por conta própria trabalhando de forma independente? No 61.º dia, quando eu voltar, eu e você vamos nos reunir para que me conte o que aprendeu e o que realizou em seus primeiros dois meses.

É revelador observar a reação do candidato a essa pergunta. Alguns começam a sorrir e salivar, porque você acabou de lhes lançar uma bola fácil. Outros se sentem muito desconfortáveis e descrentes por você estar pedindo a eles que pensem em voz alta em vez de conduzir a entrevista de rotina e previsível, aquela sobre seus pontos fracos e fortes.

Eu realmente quero extrair do candidato a melhor resposta possível, uma resposta meticulosa, então sugiro que ele não tenha pressa para formulá-la e até recomendo que faça algumas anotações antes de expor as primeiras ideias que vêm à mente. Para dar ênfase, reafirmo que estou muito interessado em ouvir o que eles estão pensando, dizendo outra vez que não tenham pressa, porque eu me importo muito com o que eles vão dizer. E então, não digo mais nada.

O que acontece em seguida revela muito. O vendedor imaturo ou amador, que não me ouviu avisá-lo no momento para refletir e responder devagar, começa a dizer o que vai fazer. Tento ajudá-lo mais uma vez erguendo a mão como um sinal de pare e repetindo: "Quero muito que você pense sobre isso. Talvez seja uma boa ideia fazer algumas anotações, porque quero ouvir todo o seu plano. Não estou com pressa." E se fica aparente que ele está travado ou empacado, sugiro que ele inclua os recursos de que pode precisar, como ele vai construir ou priorizar sua lista de clientes (ou plano para a praça), ou começar a aprender a história da empresa para criar mensagens de vendas, ou descobrir histórias de sucesso de clientes e usar casos que eles possam empregar, e assim por diante.

Quando estabelecemos bem essa situação, aprendemos muito sobre a experiência, o profissionalismo e a habilidade em vendas do candidato. Essa pergunta da situação dos sessenta dias combinada com a pergunta anterior (que forçava os candidatos a articular detalhes sobre seus recentes sucessos em vendas) normalmente cria um quadro muito claro sobre o que essa pessoa tem a oferecer.

6. O QUE VOCÊ GOSTARIA QUE EU TIVESSE PERGUNTADO E EU NÃO PERGUNTEI?

Certa vez, um cliente, CEO de uma empresa de pequeno porte, me pediu para entrevistar um candidato que tinha sido recomendado por um amigo. Desde o início, o candidato não me impressionou, e suas respostas a minhas cinco perguntas me pareceram insuficientes. Mas eu queria dar a essa pessoa o benefício da dúvida, uma vez que ela tinha sido muito recomendada para meu cliente, e achei que talvez ela estivesse apenas em um dia ruim. Talvez meus questionamentos não a estivessem ajudando a articular seu verdadeiro valor/potencial. Então fiz a pergunta mais fácil em que pude pensar e que permitiria que o candidato me conduzisse para qualquer lugar a que ele quisesse ir. "Joe, o que você gostaria que eu tivesse perguntado e não perguntei?"

Na verdade, essa foi uma pergunta fácil, na esperança de que Joe se saísse muito bem (porque qualquer vendedor de verdade tiraria isso de letra).

Esperei avidamente pela resposta, assentindo para a webcam, na esperança de que ele aproveitasse essa última oportunidade dada de mão beijada para me conquistar. Joe não fez isso. Apenas me respondeu, sem muito vigor: "Nenhuma pergunta. Acho que já falamos sobre tudo."

Imediatamente, soube que a percepção que tive logo no início estava correta e que aquele não era o candidato certo. Suas respostas fracas no início da entrevista o retrataram com fidelidade. Candidatura eliminada.

Vamos comparar a resposta de Joe a essa pergunta com a de um candidato diferente que entrevistei há pouco tempo. Desde o momento em que Mark disse "olá" e explicou de forma brilhante "por que ele estava ali" e "qual era o lance dele", eu soube que estava diante de um vencedor. Foi basicamente amor à primeira vista. Quando chegamos à pergunta seis, eu já estava decidido: nós faríamos todo o possível para contratá-lo. Mas só por diversão, eu joguei uma bola fácil para ele. "Mark, tem alguma coisa que gostaria que eu tivesse perguntado a você e não perguntei?" Mark rebateu essa bola com tanta força que ela ainda está girando em torno da Terra! Ele respondeu: "Mike, eu gostaria que me perguntasse sobre o negócio gigantesco que fechei com um cliente dos sonhos, mesmo trabalhando em uma empresa superpequena e lidando com concorrentes muito mais poderosos. É uma ótima história. Você tem tempo para escutá-la?"

Acredito que a essa altura do livro você já consiga visualizar o sorriso em meu rosto ao recontar essa grande experiência de entrevistar Mark. Esse é o tipo de candidato que queremos acrescentar à nossa equipe — um que vai *elevar o nível* (Lei de Ferro 2). Use a pergunta 6 sempre que quiser dar a um candidato a oportunidade de revelar o melhor dele. Se eles perderem essa oportunidade, isso provavelmente dirá tudo o que você precisa saber.

7. POR QUE VOCÊ ACHA QUE É O MELHOR CANDIDATO?

Sugiro deixar essa pergunta para o final, porque não precisamos fazê-la em todas as entrevistas. Ela existe para momentos em que não temos certeza de que um candidato realmente se destacou ou nos conquistou. Ela dá mais uma chance para os candidatos revelarem seu melhor lado. Você está dando ao candidato permissão para se gabar à vontade. Qualquer profissional de alto nível vai saber como lidar com isso e deve estar pronto para oferecer várias razões convincentes para sua contratação.

OS MELHORES CANDIDATOS CONCLUEM ENTREVISTAS COMO PROFISSIONAIS DE VENDAS CONCLUEM REUNIÕES DE VENDAS

Garanto que essas sete perguntas favoritas vão melhorar suas entrevistas e aumentar muito os insights sobre os candidatos, mas quero encerrar este capítulo sobre a importância de ter as *pessoas certas* em sua equipe com um lembrete final de que a entrevista é na verdade uma reunião de vendas. Nessa situação, seu candidato é o vendedor, e você, o cliente. Então vamos tirar proveito da oportunidade de avaliar se ele consegue vender bem observando sua habilidade de concluir a conversa (reunião de vendas).

Como alguém que treina vendedores a conduzir reuniões de vendas profissionais e consultivas, há coisas que desejo que um vendedor faça perto do fim da reunião. Minha principal intenção é ver se eles tentam lidar com objeções e obter algum tipo de comprometimento do cliente com o próximo passo enquanto, com profissionalismo, *insiste na conclusão da venda.*

Quando é óbvio que a entrevista está chegando ao fim, costumo fazer uma pausa estranha e começo a remexer nas coisas de propósito para indicar que estamos quase acabando, porque quero ver se o candidato vai se posicionar. Ele vai assumir o controle como um bom vendedor e tentar encerrar a reunião fechando o negócio?

Então, como um possível cliente faria perto do fim de uma reunião, eu demonstro certo desconforto, me remexo na cadeira e dou outros sinais para que o candidato sinta que estou ficando sem tempo. Estou fazendo tudo isso para ver (e torcendo para ver) se o candidato vai agir como um verdadeiro profissional de vendas. Ele demonstra iniciativa e aproveita a deixa? Ele é corajoso e sofisticado o bastante para reagir a objeções? Ele vai tentar fechar com você no passo seguinte, dizer por que é a melhor escolha para a contratação e perguntar sobre o negócio (o emprego)?

Meu sonho nessa situação é que o candidato me interrompa nesse momento, me olhe nos olhos, assuma o controle e diga: "Mike, estou muito empolgado por essa oportunidade, e com base em nossa conversa sinto que sou o candidato perfeito para essa vaga. Você tem alguma dúvida sobre minha candidatura? Há algum ponto que deseja que eu explique?"

Seja honesto. Me diga se não cairia da cadeira se um candidato perguntasse isso para você? Como seria incrível e maravilhoso que, antes de tentar fechar com você e perguntar sobre o emprego, essa pessoa tenha sondado e revelado preocupações em potencial (ou objeções) que você pode ter. Seria incrível.

No meu caso, é um pouco diferente quando estou entrevistando, porque eu sou a pessoa de fora — o consultor/coach —, e não o empregador. Não posso fazer uma oferta para o candidato e não tenho autoridade para tomar a decisão. Eu não sou o gestor que vai contratar. Ah, mas como adoro quando um vendedor entende isso e me pressiona mesmo assim. Uma das melhores coisas que eles podem dizer nesse momento é: "Mike, gostei muito dessa conversa. Obrigado por passar todo esse tempo falando sobre vendas comigo. Eu posso perguntar uma coisa? Você pretende me recomendar para o contratante?"

Eu adoro quando eles pressionam porque isso demonstra que entendem a dinâmica e estão tentando fechar comigo. Eles estão à procura de levantar objeções em potencial que eu possa ter e obter um compromisso. Os candidatos mais fortes vão ter coragem de perguntar se são os melhores e se vou recomendá-los para meu cliente. E se a essa altura eu ainda não digo "sim", eles podem continuar a pressionar, tentando descobrir mais e perceber que preocupações e objeções eu posso ter. Isso é uma venda excelente.

Vamos fechar este capítulo voltando ao ponto em que ele começou. Para faturar alto como gestor de vendas, você precisa ter as pessoas certas em sua equipe. No próximo capítulo, vamos falar sobre um segredo contraintuitivo da gestão de vendas que vai proporcionar mais resultados e prazer em seu emprego.

7
Seu trabalho vai ser mais divertido e você vai obter mais resultados passando mais tempo com seu melhor pessoal

Até agora, ofereci diversas perspectivas contraditórias e provocadoras para fazer você refletir, mas este capítulo pode conter o conselho de gestão de vendas mais contraintuitivo de todos. Para maximizar o prazer e os resultados no trabalho, passe mais tempo com seus melhores vendedores.

NADA DÓI MAIS QUE PERDER UM DOS MELHORES

Durante workshops, quando discuto gestão inteligente de talento em vendas, muitas vezes pergunto aos gestores qual destas situações eles temem mais: perder um cliente gigante ou perder um vendedor de primeiro nível? A resposta do grupo é quase unânime. Eles concordam que é melhor perder o negócio de um cliente do que um de seus melhores vendedores. Tenho a mesma opinião.

Por mais que seja difícil para o gestor da equipe que traz receitas escolher perder negócios, mesmo hipoteticamente, eles concordam que em geral é mais fácil substituir um cliente do que um vendedor muito talentoso e de alta produtividade! Isso porque a dura realidade é que não há vendedores de primeira linha desempregados. Nenhum. Zero. Eles não existem. Não há nenhum vendedor de alto desempenho à procura de emprego. Na verdade, no cenário atual do mercado de trabalho, você teria dificuldade até de encontrar um vendedor bom disponível.

Pense por um minuto nas consequências disso. Se é verdade que é desafiador substituir um talento sólido em vendas, isso não deveria influenciar como os gestores investem seu tempo precioso e limitado? Não seria lógico que, como grupo, gestores se esforçassem ainda mais para apoiar e manter seus melhores profissionais? Embora a resposta pareça óbvia, o que me confunde é que a maioria dos gestores não está priorizando tempo com aqueles que trazem mais resultados nem de perto quanto deveria.

BENEFÍCIOS EGOÍSTAS DE PASSAR MAIS TEMPO COM SEUS MELHORES VENDEDORES

No primeiro capítulo de *Sales Management: Simplified*, mostro como sofri no meu primeiro cargo como gestor de vendas. Depois de seis meses me esforçando muito, finalmente desisti, peguei o telefone e liguei para meu pai, implorando que ele me orientasse.

Meu pai, um executivo de vendas experiente e mestre em filosofia em todos os assuntos, ouviu com atenção enquanto eu derramava sobre ele minha frustração e confusão. Quando terminei de desabafar (basicamente implorando por seus insights e sua ajuda), ele deu uma risada bem-humorada. Estou convencido até hoje de que ele ficou satisfeito ao ver que o filho pretensioso tinha ficado um pouco humilde. Meu pai disse que eu finalmente tinha entrado para as fileiras dos gestores de vendas sobrecarregados, e essa conversa foi uma virada de chave. Ela deu início à minha longa jornada em meus esforços para dominar a gestão de vendas. Ela também abriu a porta para um diálogo mais produtivo sobre o assunto com meu pai.

Em uma conversa posterior, quando eu estava conseguindo começar a ter controle sobre minhas prioridades, perguntei ao meu pai como eu podia ser um gestor de vendas mais eficaz e quando eu realmente começaria a gostar daquele trabalho. Eu ainda estava carregando uma tonelada de estresse e trabalhando muito mais do que quando eu era colaborador individual. Ele me passou uma dica salvadora que me deixou perplexo. Se ele tivesse me dado dez chances para adivinhar o que ia sugerir, eu não teria conseguido acertar.

"É simples", disse ele. "Passe mais tempo com seu melhor pessoal."

Achei esse um dos piores conselhos que eu já tinha recebido. Não abri a boca para dizer isso, mas fiquei ali em silêncio, pensando: *Ficou maluco, pai? O que de bom pode vir disso? Eu mal estou conseguindo sobreviver, estou estressado, cheio de problemas e desesperado para me tornar mais, não menos, eficaz, e você quer que eu me dedique às pessoas da equipe que não precisam de minha ajuda? Que loucura é essa, pai? E eu aqui achando que você ia me inspirar e me guiar.*

Compreendendo meu silêncio e a falta de reação, meu pai continuou:

"Mike, confie em mim. É o contrário de como a maioria dos gestores se comporta. Todo mundo investe demais nos filhos problema, e metade desse esforço é desperdiçado. Pare de gastar tanta energia com as pessoas que estão sugando sua vida e reinvista em seu melhor pessoal. Muitos gestores ignoram vendedores de alto nível porque eles estão indo bem, e acham que eles não precisam da ajuda. Então deixam esses astros voarem por aí no piloto automático sem muita direção. O que estou dizendo a você é que *essas são as pessoas* que sabem o que fazer com as suas orientações. E quando você precisa muito de novos negócios, *essas são as pessoas* que sabem como encontrá-los. Você quer se divertir mais e ter mais energia? Você quer gostar do seu emprego? Bem, meu conselho é: passe mais tempo com seu melhor pessoal."

Radical e contraintuitivo, esse conselho me serviu incrivelmente bem. Quanto mais tempo eu passava com os melhores vendedores, mais eu me divertia, mais eu aprendia sobre o negócio e mais ideias eu tinha sobre como treinar nossos vendedores medianos. Também percebi que um bom percentual desses grandes produtores gostava da atenção, do apoio e do desafio. Nem todos, mas a maioria. E alguns assumiam a missão de *me ensinar direito* — me mostrar de que apoio eles precisavam da empresa para vender ainda mais. Eles também me levaram até seus melhores clientes para mostrar como faziam o negócio crescer, como substituíam os concorrentes, como aumentavam a fatia de mercado e se tornavam conselheiros de confiança para essas contas — coisas que pessoas com baixo desempenho nem sempre conseguem fazer. E como esses grandes produtores não eram inseguros, eles também me arrastavam para as contas mais difíceis e mesmo antigas (clientes perdidos) e para reuniões de prospecção. Ao contrário dos representantes com baixo desempenho, eles estavam dispostos a me mostrar onde estavam travados, com problemas ou tentando encontrar oportunidades, e gostavam muito de ter mais um cérebro e um par de olhos para ajudar a criar um fator decisivo.

Mais um ponto para o meu pai. Ele estava certo, e pelos 15 anos seguintes operei como líder de vendas e, depois, como coach/treinador/consultor, pregando e vivendo dos conselhos sábios que ele me deu: não ignore seu melhor pessoal. Eles sabem o que fazer com suas orientações. Eles sabem onde encontrar as vendas. E, além de ensinar você a liderar melhor, passar mais tempo com eles vai aumentar drasticamente sua energia, diversão e satisfação no trabalho.

Eu não tinha os dados empíricos para sustentar a lógica do meu pai, só muitas observações anedóticas de minha própria experiência como líder e da experiência de meus clientes em meu trabalho de consultoria e coaching.

Quinze anos depois desse conselho que ajudou a mudar a trajetória da minha carreira de liderança de vendas, consegui um cliente muito grande no ramo de *big data*. A empresa queria criar uma cultura de destino de vendas (termo deles) e também ajudar seus gestores a dominar as melhores práticas de meu livro, *Sales Management: Simplified*. Os executivos dessa empresa respeitada usaram seu próprio remédio e aplicaram a mesma análise de dados que eles ofereciam aos clientes a seu próprio negócio. Uma das áreas que eles analisaram? Desempenho dos gestores de vendas.

Durante uma sessão de preparação com líderes de alto escalão para os workshops do *Sales Management: Simplified* que eu ia ministrar em diversas cidades pelo mundo, o chefe de vendas para as Américas compartilhou comigo um relatório fascinante. A empresa estudou onde seus duzentos gestores de vendas globais estavam passando seu tempo e relacionaram a análise do tempo do gestor com o desempenho de vendas da equipe. O executivo mostrou um resumo que tinha essa descoberta fascinante destacada e em negrito:

> Gestores de vendas de melhor desempenho passavam mais do que o dobro de tempo com seus vendedores de alto nível do que gestores de equipes com desempenho mediano ou abaixo da média.

Finalmente! Eu finalmente tinha os dados para sustentar a teoria de meu pai e minhas próprias observações anedóticas. Uma empresa de análise de dados de renome mundial confirmou o que eu intuitivamente sabia ser verdade. Os melhores líderes (gestores das equipes de melhor desempenho) estavam passando mais tempo com seu melhor pessoal. É, isso é contraintuitivo, mas é muito valioso! Não tenho certeza de que consigo gritar isso mais alto para você, meu amigo gestor. Você vai não apenas se divertir mais e ter mais prazer no trabalho, como também obter resultados melhores quando passar mais tempo com seus vendedores de destaque.

VOCÊ VAI NÃO APENAS SE DIVERTIR MAIS E TER MAIS PRAZER NO TRABALHO, COMO TAMBÉM OBTER RESULTADOS MELHORES QUANDO PASSAR MAIS TEMPO COM SEUS VENDEDORES DE DESTAQUE.

Antes de dar algumas dicas práticas para apoiar da melhor maneira os melhores membros de sua equipe, permita-me oferecer um breve alerta. Por mais que eu esteja tentando convencer você a dedicar mais tempo para reter e maximizar a performance de seus funcionários que se destacam, por favor, não tome isso como um passe livre para ignorar o mau desempenho. Gestores sem dúvida devem identificar e lidar com o baixo desempenho rapidamente, e como veremos no próximo capítulo, ignorar o baixo rendimento de certos membros da equipe é um erro grave na gestão de vendas. Não é *ou*. É *e*. Nós devemos passar mais tempo com nosso melhor pessoal *e* também treinar aqueles com baixo desempenho para auxiliá-los ou então dispensá-los. Além de colocar as pessoas certas nos papéis certos, é desse modo que nos tornamos mestres da gestão inteligente de talento em vendas e nos destacamos como gestores.

COMO VOCÊ ESTÁ APOIANDO PESSOALMENTE SEUS MELHORES VENDEDORES?

Visualize seus melhores vendedores. Diga ou escreva o nome deles. Faça isso. Identifique seu melhor pessoal, aqueles que fariam a maior falta se você os perdesse.

E, só para ter uma perspectiva, se você acha que tem vinte por cento ou mais vendedores de alto nível, então considere-se abençoado. A maioria dos gestores classificam menos de vinte por cento de seu pessoal nessa categoria.

Agora que você tem seu melhor pessoal listado no papel ou na sua mente, responda essa pergunta extremamente importante: o que *você* está fazendo para reter e maximizar o desempenho deles?

A pergunta é exatamente essa. Perceba que não estou perguntando o que a empresa está fazendo para manter e apoiar seu melhor pessoal. Nem o que o CEO (ou dono) ou o gerente-geral está fazendo. Nem perguntando sobre iniciativas executadas pelo RH.

Ou sobre programas de reconhecimento ou prêmios em viagens. Ou pacotes de compensação. A pergunta é dirigida a uma pessoa, a pessoa mais importante nessa equação. Você.

O que você tem feito não apenas para manter seu melhor pessoal feliz, engajado, motivado e em sua equipe, mas também para maximizar seus resultados? Enquanto reflete sobre o que está fazendo atualmente, ou *deveria/poderia* fazer, meu melhor conselho é que você personalize sua abordagem. Estou confiante de que o perfil de seus melhores vendedores é diversificado; eles não são cópias um do outro. Cada um tem tendências, estilo e desejos únicos. E eles provavelmente diferem até em suas motivações para o sucesso. Você está lidando com pessoas diferentes com estruturas diferentes, o que exige que você as trate de maneira diferente — como indivíduos.

Vou me oferecer como exemplo. Há um estereótipo de que *todos* os melhores vendedores amam o reconhecimento. Eles vivem para serem chamados ao palco e serem parabenizados por suas contribuições destacadas. *Nada* é mais importante ou motivador que ganhar o prêmio ou troféu e ser escolhido Vendedor do Ano diante de toda a organização. Isso pode ser verdade para um percentual dos melhores vendedores. Eu já vi isso. Eu entendo. E não tenho nada contra campeões de vendas que almejem os holofotes. Mas *eu* não sou assim. Na verdade, quando eu era o maior vendedor de uma empresa de médio porte de marketing direto e processamento, passei a detestar ser reconhecido diante de meus colegas na equipe de vendas e da empresa inteira. Ultracompetitivo como sou, a última coisa de que eu precisava era mais atenção. As pessoas já tinham muita inveja dos números que eu estava alcançando, da atenção que eu estava recebendo e da renda que elas calculavam que eu estava obtendo. Não havia motivo nenhum para dar aos *haters* ainda mais razão para ficarem ressentidos comigo.

A gestão sênior entendia a importância de tratar pessoas diferentes de um jeito diferente, então os executivos se esforçavam para saber o que movia a mim e aos outros vendedores de alto desempenho. O COO deve ter me estudado bem, porque em vez de elogiar seu vendedor número um em público em reuniões com toda a equipe, ele me chamava na sua sala a cada quatro ou seis semanas. Ele entendeu corretamente que me elogiar em particular e buscar minha opinião e informações me motivavam muito mais do que ser levado ao palco. Então o COO se sentava comigo, verbalizava seu reconhecimento por minha contribuição, me mostrava o impacto que minhas vendas tinham no balanço financeiro total da empresa e encerrava esses breves encontros com duas perguntas. Primeiro, perguntava do que eu precisava. Havia alguma coisa de que eu precisava da empresa? Então, normalmente, quando eu estava me levantando para ir embora de seu escritório, pedia minha opinião sobre alguma decisão grande sobre a qual estava pensando. Francamente, não sei quanto peso ele dava à minha opinião, mas sem dúvida sabia fazer com que me sentisse valorizado e importante.

É PERFEITAMENTE ACEITÁVEL DISCRIMINAR COM BASE NO DESEMPENHO

Os líderes dessa empresa moldaram um princípio importante, o mesmo que observo em muitos gestores de vendas de sucesso. Eles investem tempo e energia mental para conhecer todo o seu pessoal e, ainda mais, conhecer e entender os melhores vendedores muito bem. O "aluguel relacional", como um de meus mentores batizou, é pago com tempo. Dinheiro não é a moeda nos relacionamentos. Tempo, cuidado e preocupação são.

A conclusão lógica do que defendo aqui é que você deve investir mais tempo em seus melhores vendedores. Você vai conhecê-los melhor que os outros em sua equipe e, por isso, vai encontrar a melhor forma de geri-los. Eu diria mesmo que você vai dar a eles *tratamento especial*. Você vai servi-los e apoiá-los de forma diferente do que serve e apoia os demais. E sei que, enquanto você lê isso, a palavra *discriminação* está piscando na sua mente. Quase posso sentir você ficar desconfortável. Você pode até estar pensando:

"Calma aí, Mike. Você está me encorajando a tratar algumas pessoas em minha equipe melhor do que as outras, dar a elas mais apoio ou até mesmo flexibilizar as regras para elas."

Tem razão. Estou dizendo isso para você com segurança, em alto e bom som. E você está pensando que isso provavelmente não é certo. Que isso não é justo. É discriminação. Discriminação é errado. "Você está querendo me criar problemas ou me fazer ser demitido?"

Escute com atenção: estou recomendando que você discrimine, mas certamente que não faça isso com base em gênero, raça, idade ou religião. Longe disso! Contudo, estou realmente implorando que você discrimine com base em um fator essencial: desempenho! Até onde sei, não existe nenhuma lei que impeça você de dar melhor tratamento e mais apoio a pessoas em sua equipe que merecem porque conquistaram esse direito. Repito: elas merecem tratamento especial porque conquistaram esse direito.

TRANSFORME-SE NA PONTE PARA O FUTURO DESEJADO PARA SEUS MAIORES PRODUTORES

Ao longo da última década, tive o privilégio de trabalhar com alguns dos líderes de vendas mais fortes do planeta. Uma das melhores coisas de fazer o que faço é a oportunidade de observar e aprender com os melhores executivos e gestores, muitos dos quais estou convencido de que podiam me superar a qualquer momento!

Mike Jeffrey é vice-presidente da Paychex e tem mais sabedoria do a esperada na sua idade. Não sei se já conheci um líder de vendas tão articulado e determinado. Em todas as conversas, ele lança pérolas memoráveis, e perdi a conta de quantas vezes o citei ou me referi a algo brilhante que ele compartilhou enquanto gravávamos uma mesa-redonda com meus líderes de vendas favoritos e absurdamente talentosos para uma série em vídeo.

Quando Mike fala, as pessoas não apenas escutam, elas fazem anotações. Muitas. Eu sem dúvida faço isso. Alguns anos atrás, perguntei a ele especificamente sobre reter os melhores vendedores e o que ele estava encorajando seus gestores de vendas a fazer para passar mais tempo com seu melhor pessoal. A Paychex mantém uma cultura de vendas fabulosa, e como a empresa tem a excelente reputação de ser um campo de treinamento para vendedores iniciantes, outros empregadores estão sempre atrás dos melhores representantes de vendas da empresa.

A resposta de Mike foi presciente e poderosa. Honestamente, ele subiu tanto o sarrafo com o que defende que gestores façam (se tornem) para manter e aprimorar seu melhor pessoal que é útil ver o conselho como um objetivo a ser alcançado. Sua recomendação vai desafiar você e sua maneira de pensar. Com certeza me desafiou.

Mike quer ver gestores "se transformarem na ponte". Nós devíamos nos esforçar para conhecer nossos vendedores de primeira linha muito bem, e conquistar essa posição de confiança de tal forma que eles nos revelem não apenas quem são e onde estão, mas aonde querem ir. Mike acredita que quando os melhores vendedores compartilham conosco seus objetivos profissionais e pessoais, quando nos veem não apenas como defensores, mas também como facilitadores que vão ajudá-los a alcançar seu futuro desejado, então seu sucesso se torna nosso sucesso. E quando somos vistos como *a ponte* que ajuda a levar esses vendedores supertalentosos de onde estão hoje para onde desejam estar (seu desejado futuro), eles não vão nos deixar. Mais do que isso, vão mover montanhas por nós para produzir o máximo de resultados, porque cativamos o coração deles.

Posso pedir a você que tire alguns minutos para pensar no desafio de Mike Jeffrey? Sim, ele subiu bastante o sarrafo para nós, por isso vamos considerar uma meta seu desafio de *nos tornarmos uma ponte*. Com isso como objetivo, o que seria necessário para conhecer seu pessoal tão bem para que confie em você a ponto de começar a vê-lo como facilitador, como aquela ponte que vai levá-lo aonde ele quer estar?

Deixe-me falar de uma preocupação que pode estar surgindo. Tive gestores que contavam sobre seu medo ou desconforto em relação a construir esse nível de conexão com as pessoas da equipe. Alguns vão perguntar se há perigo em ficar tão próximo, até amigo, de um vendedor de elite. Essa é uma preocupação sábia que demonstra discernimento e maturidade.

Defendo, sim, um nível de investimento e suporte com o qual você pode se tornar de fato mais socialmente próximo de vendedores de excelência em sua equipe, mas não estou dizendo que isso precisa virar uma amizade verdadeira (mútua). Esse não é o objetivo.

É possível que uma amizade verdadeira surja? Sem dúvida. E há armadilhas em potencial quando isso ocorre. Sendo bem sincero, entretanto, olhando para minha carreira, sem dúvida me tornei amigo de alguns de meus melhores chefes e mais tarde de meus melhores vendedores, e nunca me arrependi disso. Algumas se tornaram amizades para a vida toda, muito valiosas. No ano passado, me pediram que falasse no enterro de um desses vendedores de alto nível que conheci em meu primeiro cargo como gestor de vendas. Muito tempo depois de sairmos da empresa, a amizade permanecia; uma amizade que surgiu quando eu procurei *me tornar a ponte* para esse vendedor talentoso de alto desempenho. Pela minha experiência, o lado positivo (tanto profissional quanto pessoal) de sermos a ponte supera muito as complicações que um relacionamento mais próximo pode suscitar. Os melhores de sua equipe conquistaram e merecem tratamento especial. O risco (e o custo) de perdê-los é muito maior do que o risco (e o dano em potencial) de uma amizade se desenvolver entre vocês. Se a recompensa é reter e maximizar a produtividade dos meus melhores vendedores, essa é uma aposta e um risco que estou mais que disposto a aceitar.

SE VOCÊ NÃO TEM CERTEZA DE COMO APOIAR SEUS VENDEDORES, SÓ PERGUNTE A ELES

Gestores de vez em quando me dizem que não têm certeza de como apoiar seus melhores vendedores. O desejo existe, mas eles não sabem ao certo que caminho seguir. Alguns gestores novos também são demasiado cautelosos em relação a abordar seus melhores profissionais. Eles não querem parecer tolos e se sentem um pouco intimidados. Eu entendo. Nós não queremos ser vistos como o novato ingênuo que está se esforçando demais, mas que não tem ideia do que nosso pessoal mais valioso — frequentemente muito exigente — necessita.

Prepare-se para um conselho que vai fazer seu mundo cair: pergunte. Só pergunte a eles. Prometo que eles não apenas vão gostar da pergunta, mas provavelmente já têm uma lista, pelo menos mental, pronta para compartilhar com você.

Você pode fazer isso individualmente, se encontrando com cada um de seus melhores vendedores. Mas sugiro levar em conta de vez em quando reunir todo o seu melhor pessoal. O próprio ato de convidar seus vendedores de elite para uma reunião exclusiva demonstra sua intenção de destacá-los e de liderá-los de forma distinta. Quando estiverem juntos, deixe extremamente claro que você está ali para escutar. Diga que quer conhecer suas ideias e seus desejos, que eles conquistaram o direito de serem ouvidos e apoiados. Pergunte sobre o que os está impedindo de obter resultados ainda melhores e de aumentar significativamente sua produção. Pergunte que regras podem precisar mudar ou que novas ferramentas seriam benéficas. Estimule-os a pensar e sonhar grande, fora da caixa. Deixe muito claro para esses vencedores que você não tem intenção de ignorá-los só porque eles estão se saindo bem. Você está comprometido a vê-los experimentar níveis ainda mais altos de sucesso e está disposto a investir seu tempo e esforço para fazer com que isso aconteça.

> SEU TRABALHO PRINCIPAL COMO GESTOR
> É AUMENTAR AS VENDAS. NÃO É CUIDAR DE UM GRUPO DE
> PESSOAS, NÃO É AGIR COMO ADMINISTRADOR OU SUPERVISOR.
> SEU TRABALHO É CONSEGUIR MAIS VENDAS.

Este é um bom momento para lembrar você que seu trabalho principal como gestor é aumentar as vendas. Não é cuidar de um grupo de pessoas, não é agir como administrador ou supervisor. Seu trabalho é conseguir mais vendas, e você faz isso com as pessoas em sua equipe. Não há prêmios por trabalhar mais horas que os outros gestores ou por fazer as coisas sempre do jeito difícil. O melhor e mais poderoso conselho que posso dar para ajudar você a aumentar as vendas e se divertir mais enquanto faz isso é: *passe mais tempo com os melhores de sua equipe*. Novamente, sei que parece contraintuitivo, mas você vai me agradecer. Mais diversão e mais resultados o esperam!

No próximo capítulo, vamos analisar o extremo oposto disso e a importância de identificar e lidar imediatamente com vendedores que apresentam um mau desempenho.

8
Ignorar o desempenho fraco é um erro grave na gestão de vendas

Enquanto espero sinceramente que você siga o conselho dado no capítulo anterior, há um aspecto menos agradável da gestão de vendas que agora devemos abordar.

RAZÕES COMUNS PARA GESTORES EVITAREM LIDAR COM O MAU DESEMPENHO

Eu não pesquisei toda a população de gestores de vendas, mas posso afirmar isso com alto grau de certeza: praticamente nenhum de nós gosta de ter conversas difíceis com vendedores que estão com dificuldades e que não estão atingindo suas metas.

Há muitas razões compreensíveis para nos sentirmos desconfortáveis ao lidar com o desempenho ruim. Às vezes somos simplesmente nós. Uma razão para termos sido alçados ao cargo de gestão é sermos bons com pessoas: nós gostamos de pessoas e elas gostam de nós. Não apenas por termos sido excepcionais em nosso trabalho anterior ou entregarmos grandes resultados: frequentemente é porque algum líder de alto escalão na organização gostou de nossas habilidades e nos viu como alguém confiável na liderança de uma equipe. Um bom percentual de gestores tem perfil conciliador e dá muito valor à manutenção de relacionamentos, então não deve ser surpresa que pessoas com essa característica muitas vezes tenham dificuldades para identificar fracassos. Nós gostamos de treinar, apoiar e celebrar, mas não curtimos confrontar alguém com seus resultados fracos. É exatamente por isso que muitos de nós se protegem de se sentir o vilão da história e evita avaliar uma pessoa com desempenho ruim.

Outros gestores evitam conversas difíceis porque não sabem como conduzi-las. Talvez eles mesmos não tenham tido gestores que servissem de exemplo de como responsabilizar alguém da melhor forma e como confrontar o baixo desempenho dos funcionários. Portanto, eles hesitam em iniciar esse tipo de conversa porque não têm uma noção de como ela deve ser.

Gestores também sabem muito bem que vendedores, em especial os de desempenho fraco, são geralmente excelentes em confundi-los com papo furado. Vendedores com problemas se tornam mestres em criar desculpas. É uma habilidade especial que quase todo vendedor de baixo desempenho adquire. Eles podem não estar tendo sucesso para fechar vendas, mas sem dúvidas sabem muito bem vender as justificativas para não terem atingido suas metas! Presumindo que a reunião vai ser inútil e corretamente preocupados que os vendedores refutem, choraminguem, reclamem, apontem dedos e culpem tudo e todos menos a si mesmos, gestores decidem evitar encarar o baixo desempenho e fazer outras coisas em vez disso.

Alguns gestores já me perguntaram por que deviam se dar ao trabalho de lidar com o desempenho ruim se acreditavam que nada ia mudar. Em vez de se verem como líderes e agentes da mudança e de acreditarem que seu coaching e as reuniões individuais podem afetar vendedores com problemas de desempenho, eles preferem simplesmente aceitar o fato de que a pessoa vai fracassar. Não tenho nem certeza de como responder a gestores com essas atitudes fatalistas e derrotistas. Por que você aceitaria um papel de liderança se não acredita que pode melhorar o desempenho das pessoas que lidera?

Além das questões descritas anteriormente, a razão de longe mais perigosa, e ouso dizer fatal, é o temor de que a pessoa com o desempenho fraco não apenas empaque ao ser confrontada com seu fracasso, mas que comece a procurar outro emprego. Antes que eu comece a desfiar a linha de raciocínio patética dos gestores que não enfrentam o baixo desempenho, por favor, faça uma pausa por um momento e desenvolva essa linha de raciocínio até sua conclusão lógica. O líder da equipe, cujo trabalho principal é obter resultados melhores, hesita em discutir desempenho com alguém que está fracassando. E só para o caso de você achar que a palavra *fracassar* é forte demais ou que a usei de forma leviana aqui, deixe-me ser bem claro. *Fracassar* é a palavra correta e apropriada. Não conseguir atingir uma meta ou uma cota é fracassar. Portanto, temer que um vendedor que esteja fracassando talvez não goste muito de ser confrontado com os fatos/dados/verdade e talvez comece a procurar emprego em outro lugar não é uma justificativa aceitável para ignorar o baixo desempenho! Além disso, o temor de que um vendedor fracassado resista ou rejeite treinamento e responsabilização adicionais é simplesmente uma bobagem. É uma falácia que não vai nos levar a lugar nenhum. Se você não consegue lidar com o baixo desempenho porque tem medo de que o vendedor mais fraco de sua equipe possa ficar ofendido ou ir embora, então sua abordagem fatalista vai condená-lo ao fracasso como líder.

Alguns gestores se exaltam quando desafio sua afirmação ridícula de que eles são basicamente impotentes para fazer mudanças, se esforçando muito para me convencerem do quanto é custoso perder um vendedor, mesmo um que não esteja se saindo bem. Eu ouvi alguma versão desse argumento com mais frequência do que você imagina: "Mike, você não entende. Não posso me dar ao luxo de perder um vendedor neste momento. Se eu fosse me sentar com Johnny (o nome que uso em meus textos e workshops para pessoas de baixo desempenho) e lhe mostrasse como ele está em comparação com os outros na equipe e deixasse claro que ele precisava melhorar seu trabalho e aumentar sua produtividade — embora eu esteja disposto a ajudá-lo com treinamento extra e reuniões individuais de responsabilização —, eu ficaria com um medo mortal de perdê-lo. Ele pode não dizer isso de cara, mas sei que vai começar a pensar em ir embora."

A essa altura, geralmente ergo a sobrancelha em confusão, olho por cima dos meus óculos de leitura e respondo com uma palavra em tom de pergunta: "E...?"

O gestor continua reclamando da situação de catástrofe iminente. "Eu já estou sobrecarregado de trabalho, e se eu tiver a sensação de que Johnny vai me deixar na mão, então vou ter que começar a pensar em recrutamento. Não tenho tempo para isso. Além disso, quando Johnny pedir demissão, vou receber uma chamada do RH, e isso também vai prejudicar meu percentual de movimento de vendas. Aí minha vida vai ficar mesmo um inferno, porque sou eu quem vai acabar tendo que cobrir a vaga aberta, e meu telefone vai explodir com as necessidades de serviço dos clientes de Johnny. Fazer entrevistas vai ser uma grande dor de cabeça, então, quando eu me decidir por um candidato, vou ter que lidar com o fardo de ambientá-lo, orientá-lo e botar o novo contratado no ritmo." Nesse momento, eu balanço a cabeça e endureço meu tom. "Você percebe que o que acabou de descrever é um erro completo e absoluto na gestão de vendas? Também é uma renúncia a seu trabalho. Essa é uma atitude derrotista. Você fala como se tivesse habilidade zero para influenciar o desempenho futuro de Johnny e que não tem desejo de treiná-lo para que fique em um nível aceitável. E pior de tudo, você resolveu que é aborrecimento demais fazer o que gestores profissionais fazem. E, por não querer lidar com recrutamento, contratação e ambientação, você vai fingir que isso de algum jeito vai se resolver milagrosamente. Durante todo esse tempo, você está destruindo qualquer cultura vencedora que possa existir em sua equipe e, sem precisar dizer isso em alto e bom som, comunica a todo mundo na equipe que o fracasso é aceitável."

NÃO LIDAR COM O DESEMPENHO RUIM PREJUDICA A CULTURA E O MORAL

O dano à cultura da equipe é imenso quando líderes ignoram o baixo desempenho. Deixe-me usar uma analogia esportiva para ilustrar a situação. Imagine que você é o técnico de um time de futebol de elite que joga em uma liga seleta (altamente competitiva). Mais uma vez, não estamos falando da liga da igreja; visualize isso como a Premier League. Não há *troféus por participação*, e todo mundo presta muita atenção ao placar de cada jogo e à colocação na liga. O objetivo é vencer o campeonato. Quando você foi escolhido para treinar o time, os donos explicaram de forma muito direta que o objetivo é vencer.

Agora imagine que você tem um jogador em campo, que vamos chamar de Johnny. Ele é seu jogador mais fraco, e você normalmente o coloca atuando de zagueiro pela esquerda. O problema é que praticamente toda vez que Johnny pega na bola, ele a perde para o adversário. Johnny é uma deficiência em campo, e todo mundo no time vê e sabe disso. Mesmo assim, não importam as circunstâncias, o placar, o tempo restante de jogo ou a importância daquela partida específica, ali está Johnny, ocupando (e com desempenho fraco) a zaga pela esquerda.

Pergunto a você: quais são as consequências da má gestão desse técnico para seu time? Que mensagem o técnico está passando para os outros jogadores ao deixar Johnny em campo? Quanta pressão extra recai sobre cada um dos jogadores que atuam perto de Johnny devido à sua falta de habilidade para dominar a bola? Quanto os outros têm que trabalhar a mais para compensar os erros desse jogador fraco? Quando o time perde um jogo devido ao desempenho ruim repetido de Johnny, o que você acha que acontece com o moral? E quando a temporada termina e dois dos melhores jogadores anunciam que estão saindo para jogar por outro clube porque vencer é um de seus valores fundamentais, que efeito isso vai ter nas atitudes e no ânimo dos outros jogadores?

Não fique tentado a descartar esse argumento porque você é um gestor de vendas e não o técnico de um time de futebol. Essa não é uma história fofa sobre esportes. É exatamente o que acontece com equipes de vendas quando gestores evitam lidar com o desempenho ruim. Mesmo que você não esteja dizendo em voz alta, todo mundo *escuta* a mensagem com clareza: o fracasso é aceitável. E se a gestão precisa pegar mais pesado com as pessoas de alto desempenho para entregarem mais resultados porque os outros não estão fazendo a parte deles, que seja. E se perdermos um jogador de excelência porque ele quer jogar em um time vencedor, que seja. E se não ganharmos a porção variável de nossos bônus porque as pessoas com mau desempenho de nosso time puxaram para baixo nossos resultados no geral, que seja.

Não tenho certeza de que há uma força mais poderosa que a cultura de uma equipe de vendas. Quando a cultura é forte, saudável, energizada, vencedora, comemorativa e que se autopolicia, a equipe torna-se uma força imbatível. Mas tudo isso pode ser destruído por uma gestão que não dá atenção ao desempenho fraco.

Deixe-me acrescentar um alerta e um insight em relação ao mau desempenho e planos de compensação altamente variáveis. Quando a remuneração de um vendedor é variável, pode haver a tentação de ignorar o fato de que alguém não está entregando os resultados desejados. Gestores ficam tentados a dizer que não há problema se um vendedor fracassar, porque eles só são pagos quando têm sucesso. Isso pode até ser verdade — pelo menos a parte de não pagar pessoas que não ganharam comissão. Mas a comissão não é o único custo. E a mesa (ou o ponto em seu ambiente de trabalho) que eles estão ocupando? E os recursos internos sendo desperdiçados em vez de redirecionados para outros que estão produzindo bem? E, o mais importante, a mensagem à equipe de que fracassar não é problema?

Argumento apresentado. A promotoria não tem mais nada a dizer. A evidência é esmagadora. Ignorar o baixo desempenho é na verdade um erro grave de gestão. Caso encerrado.

POR QUE TOLERAMOS DESEMPENHO RUIM EM VENDAS, MAS NÃO EM OUTRAS ÁREAS?

Como você já percebeu a essa altura, muitas vezes eu fico confuso. Uma das coisas que mais me confundem é que, em negócios com padrões muito elevados de excelência e desempenho, de algum modo os vendedores ficam livres disso. Vendedores com problemas frequentemente passam meses, semestres ou mesmo anos sem serem confrontados por seus gestores. Talvez haja tanto mistério (confusão) sobre o que leva ao sucesso nas vendas que há uma hesitação enorme em identificar rapidamente o desempenho fraco e trabalhar para mudá-lo.

Que contraste com outros departamentos ou posições. Imagine um engenheiro de software em uma equipe desenvolvendo um programa. No fim do mês, a gestão faz uma revisão de controle de qualidade e identifica que um programador em particular foi quem mais escreveu bugs no código. Quanto tempo levaria para que o líder da equipe se sentasse com o desenvolvedor para lidar com a má qualidade de seu trabalho? De modo semelhante, se um contador de nível médio estivesse produzindo balanços financeiros mensais imprecisos, e os erros dele fossem descobertos ou pelo banco que revisa as finanças, ou pelo CFO, quanto tempo ia levar para que esse contador fosse confrontado pelo seu gestor? E com que rapidez algum tipo de treinamento seria feito para garantir que isso não acontecesse outra vez? Ou se houvesse um funcionário da expedição no depósito que sempre empacotasse as caixas da forma errada? Ou um técnico no departamento de serviço que retornasse máquinas para os consumidores sem ter diagnosticado e resolvido o problema de maneira adequada?

Exatamente. A resposta para todos esses casos é: um nanossegundo. Seja o engenheiro de software, o contador, o funcionário da expedição ou o técnico, ninguém ia achar razoável permitir que essas pessoas seguissem demonstrando um desempenho ruim. Seus fracassos seriam confrontados imediatamente, e o líder de cada pessoa comandaria o esforço para treiná-las até terem níveis aceitáveis de desempenho. Nós não deveríamos, como gestores de vendas, ser rápidos assim para identificar e lidar com o baixo desempenho? É difícil defender o contrário.

REUNIÕES DE RESPONSABILIZAÇÃO REGULARES COM FOCO EM RESULTADOS PREPARAM O CENÁRIO PARA CONFRONTAR PESSOAS COM BAIXO DESEMPENHO

Além disso, se gestores estão realizando reuniões individuais regulares como descrito no Capítulo 3, é apenas natural lidar rapidamente com o desempenho ruim. Desenvolva a situação comigo. Você se senta com Johnny para a reunião de responsabilização regular. Você começa revisando seus resultados reais. Resultados em comparação com metas e em comparação com outros em sua equipe. Johnny não atingiu o que era o esperado e está atrás dos outros na equipe. Isso agora está escancarado, e juntos vocês discutem o que aconteceu. Avance para a reunião individual do mês seguinte. Você se senta com Johnny outra vez. Ele não bateu a meta novamente. Vocês discutem o mau desempenho, depois seguem a progressão revisando seu pipeline e sua atividade. Você deixou claro que ele precisa acompanhar o ritmo e que você está ansioso para vê-lo melhorar e atingir sua meta no mês seguinte. E mais uma vez, no terceiro mês, você se senta com Johnny para a sessão individual, e ele, como sempre, não atingiu o que era esperado. Mês diferente. Mesma história. É o terceiro mês consecutivo que Johnny fracassou.

Minha pergunta para você, meu amigo gestor de primeira viagem, é simples e direta: por quanto tempo você vai ter paciência para isso? Sério. Por quantos meses mais você vai permitir que isso se repita antes de mudar o tom do seu diálogo com Johnny?

Vou perguntar de outra forma. Por quanto tempo você (o líder) vai permitir que Johnny fracasse antes que você (o líder) faça alguma coisa em relação a isso? Por quanto tempo esse desempenho fraco deve persistir até que você mude de abordagem com ele? Para mim, sem dúvida parece que, depois de alguns meses dessas reuniões de responsabilização estilo *Feitiço do tempo*, estamos chegando muito perto de viver a *definição de insanidade* que nos faz rir de nervoso — fazer a mesma coisa repetidas vezes esperando um resultado diferente. Alguma coisa precisa mudar.

MUDAR AS CONVERSAS PARA COMEÇAR A TREINAR PESSOAS COM DESEMPENHO RUIM

Como nós (líderes) temos uma mente sensata, é nossa responsabilidade mudar a conversa de simplesmente revisar resultados, pipeline/progresso e atividade para uma em que deixemos extremamente claro para nosso vendedor com problemas que seu desempenho precisa melhorar.

Antes de delinear como essa comunicação muito clara deve parecer e soar, vou dar alguns lembretes sobre abordagem e tom quando se trata de responsabilizar as pessoas por entregar resultados. Para a maioria dos gestores, essa é uma das partes mais difíceis do trabalho e algo que parece estranho, porque como colaboradores individuais não tínhamos a tarefa de confrontar colegas por seu baixo desempenho.

Semelhante ao tom sugerido que devemos empregar ao conduzir uma reunião de responsabilização individual, essa "conversa de treinamento" inicial também não deve ser pautada em emoções. Nós já determinamos que muitos gestores, em especial aqueles que são mais relacionais, não gostam muito de conversas difíceis, que é parte da razão para eles evitarem iniciar o diálogo. Eles não gostam de confrontar pessoas. Mas não querer confrontar alguém não é um passe livre para não fazê-lo. Como líderes, não podemos adiar isso, porque, como já determinamos, esse é um erro grave de gestão. É nossa responsabilidade encarar a situação e o vendedor. Mais uma vez, nosso trabalho como gestores de vendas é entregar resultados: ganhar através da equipe. Quando alguém está perdendo, nós precisamos lidar com isso. Mas isso não significa que devemos surtar, ok? Não há necessidade de demonstrar raiva nem decepção em relação ao vendedor com problemas. Por favor, me escute. Confronto não necessariamente significa conflito. Não estou defendendo agredir, culpabilizar nem constranger. Pelo contrário, estou encorajando você a oferecer ajuda para alguém que precisa.

Lidar com o desempenho ruim e oferecer ajuda para mudar isso pode ser uma experiência muito positiva em pouco tempo. Vou compartilhar uma história de sucesso maravilhosa que ouvi de uma pessoa com baixo desempenho que virou um astro das vendas e executivo sênior bem-sucedido depois de receber uma chamada e treinamento sério de um gestor!

Deixe-me também lembrar a você que só porque chegou a hora de mudar sua abordagem não significa que você está no caminho de demitir essa pessoa. O verdadeiro objetivo de confrontar o desempenho inaceitável é mudar o comportamento de quem está indo mal. Não devemos ver o mau desempenho como o passo inicial do processo de demissão de uma pessoa. Esse pode até ser o caso, mas com toda a certeza não é o objetivo de começar um processo de treinamento. O principal objetivo para confrontar o desempenho ruim em vez de fazer vista grossa é exatamente o que eu chamo de treinar o vendedor com dificuldade para alcançar um nível aceitável de desempenho. Esse é o objetivo.

> O VERDADEIRO OBJETIVO DE CONFRONTAR O DESEMPENHO INACEITÁVEL É MUDAR O COMPORTAMENTO DE QUEM ESTÁ INDO MAL. NÃO DEVEMOS VER O MAU DESEMPENHO COMO O PASSO INICIAL DO PROCESSO DE DEMISSÃO DE UMA PESSOA.

Minha esperança é de que lembrar você da motivação apropriada para confrontar o baixo desempenho sirva como incentivo para fazer isso rapidamente em vez de evitar a situação. Mais uma vez, não estou instruindo você a demitir um vendedor com problemas. Se você é uma pessoa que não gosta de conflitos e é mais relacional, não há necessidade de sofrer e ficar noites sem dormir antes de se sentar com Johnny para mudar o diálogo. Você não está demitindo Johnny; você está tentando ajudar a mudar a trajetória dele lidando diretamente com fatos e números e delineando um plano para colocá-lo no caminho certo. E sua motivação para iniciar essa conversa é válida. É para o bem de Johnny, para o bem de sua equipe e para o bem da sua cultura. Ah, sim, e isso também é o seu trabalho.

E, sinceramente, você deve isso a Johnny. Estou falando sério. Você deve a ele a cortesia profissional de confrontá-lo com seu desempenho fraco. Você deve a ele a oportunidade de botar o barco na rota certa. E eu realmente acredito que você deve a ele tudo que puder fazer para que isso aconteça.

Você pode ter herdado Johnny quando assumiu a liderança da equipe, e se esse é o caso, é extremamente possível que ele não tenha sido bem treinado no passado. Talvez seu predecessor não tenha investido tempo para desenvolver as habilidades de Johnny ou, ainda mais provável, fez vista grossa quando ele continuou a apresentar um mau desempenho. Ou talvez tenha sido você quem contratou Johnny, mas se está sendo franco, você não tem (até esse ponto) dedicado o tempo necessário nem dado o treinamento adequado para ajudá-lo a ter sucesso. Independentemente do que levou a essa encruzilhada, a questão é que você agora está nela, e cabe a você agir como um líder responsável.

Começar a conversa de coaching geralmente é a parte mais difícil para gestores. Meu conselho é não fazer rodeios. Vá direto aos fatos. Não transforme essa conversa em algo mais dramático do que precisa ser. Ela não exige muita preparação, e quanto menos emocional ela for, melhor. Lembre-se: Johnny sabe que está com desempenho baixo. E está ciente de que você sabe que ele está com desempenho baixo, porque você pontuou isso para ele algumas vezes. Não há nenhuma notícia nova aqui, e o fato de que você está sentado com Johnny para esse diálogo não deve ser surpresa para ninguém.

Leve os dados (relatórios) para serem revisados e comece apenas afirmando os fatos. Se Johnny não atingiu os resultados por quatro meses consecutivos, então mostre a ele esses números. Observe onde ele está em comparação com os outros na equipe, e se seu pipeline (progresso), como indicador principal de desempenho futuro, não é suficiente e está prevendo que ele vai continuar sem atingir as metas, mostre a ele isso também. Não doure a pílula nem exagere os dados. Apenas os apresente. Comunique com clareza para Johnny que a trajetória atual não pode continuar desse modo e que *nós* precisamos mudar isso o mais depressa possível. E não há problema em dizer "nós", porque você, o gestor, é um contribuinte significativo no processo de coaching que está iniciando.

Depois de apresentar os fatos e deixar bem claro para Johnny que seu nível atual de desempenho não é aceitável, mostre o que é um desempenho aceitável e garanta que ele saiba que você está comprometido em ajudá-lo a chegar lá. Isso é fundamental porque, se esse coaching vai obter sucesso, a pessoa com baixo desempenho precisa entender que vai contar com a sua ajuda.

Nesse estágio inicial da conversa, é comum para o gestor interpretar as reações de Johnny, tentando sentir se ele entendeu a gravidade da situação e se aceita a premissa de que seu desempenho ruim não vai mais ser tolerado. Meu conselho é conter seus instintos nesse momento. Pare de tentar discernir se Johnny ainda está acompanhando o raciocínio. Por mais alguns minutos, dê a ele o benefício da dúvida mesmo que sua linguagem corporal esteja gritando que ele não está de acordo com o que você está prestes a apresentar. Vamos dar a ele a oportunidade de compreender todo o contexto, incluindo tanto o que você está disposto a fazer quanto o que espera dele, antes de julgar sua reação.

SE OFEREÇA PARA DOBRAR O TEMPO DE COACHING E AS SESSÕES INDIVIDUAIS EM TROCA DO COMPROMISSO DO VENDEDOR

Parabéns. Você já passou pela parte mais difícil — o ponto que a maioria dos gestores nunca alcança. Em vez de fingir não ver o contínuo desempenho ruim, você lidou com isso de frente. Deste ponto em diante, o processo praticamente se desenrola por conta própria.

Depois de revisar os dados e de confrontar Johnny com os fatos, agora é hora de calmamente conduzir a conversa para o que vem em seguida:

1. Se ofereça para dobrar a quantidade de treinamento que você fornece a Johnny (um verdadeiro coaching por resultados) ao longo do período de treinamento definido.

2. Deixe claro que durante esse período você também vai dobrar as reuniões individuais de responsabilização com Johnny.

3. Garanta que Johnny se comprometa tanto com maior atividade quanto com maiores realizações durante esse período definido.

É simples assim. Em vez de ignorar as dificuldades de Johnny, você vai estar se envolvendo diretamente com ele. O baixo desempenho dele foi exposto e rotulado exatamente como o que é. Agora ele está sob os holofotes. Sem fingimentos. Sem vergonha. Sem condenação. Mais uma vez, o propósito de começar o processo de coaching é conseguir alterar o desempenho de Johnny, mesmo que seja apenas temporário.

Reafirme que você vai fornecer coaching e orientação extra porque você quer ver Johnny ter sucesso. Crie a expectativa de que vai passar mais tempo com ele e que esse treinamento adicional pode assumir diversas formas. Mais planejamento antes de reuniões de vendas. Mais trabalho junto com Johnny para observar e dar assistência. Mais briefings. Mais desenvolvimento de estratégias para oportunidades. Talvez ainda mais treinamento (ou retreinamento). É imperativo que Johnny entenda que você está nisso com ele e que seu desejo é vê-lo ter sucesso.

Junto com o coaching adicional vêm uma avaliação mais minuciosa do trabalho dele e uma responsabilização mais frequente. A realidade é que os problemas de Johnny deram maior destaque ao seu desempenho. Portanto, é totalmente compreensível que, junto com a ajuda extra que você está oferecendo, venha um mergulho mais fundo e regular para monitorar seu progresso. Mais uma vez, não estamos falando de microgerenciamento: foi a deficiência de resultados de Johnny que exigiu essa supervisão extra. Então faça com que ele saiba que você vai acompanhar mais de perto seu progresso e se reunir com ele com mais frequência.

O terceiro componente crítico desse processo de coaching é garantir o compromisso de Johnny com mais esforço, mais progresso e mais resultados. Deve haver reciprocidade para que a estratégia funcione. Você, o líder, ofereceu seu compromisso primeiro, e agora é hora de conseguir o compromisso de Johnny com o processo. Não faz sentido redobrar seus esforços e sua carga de trabalho tentando salvar Johnny se ele não estiver interessado na boia salva-vidas que você está jogando para ele.

É importante que você revele suas expectativas quanto ao melhor desempenho de Johnny. Mostre a ele o que é um desempenho aceitável, e que isso não envolve apenas *esforço* e atividade, mas também um notável progresso nas vendas e nos resultados. Reafirme seu comprometimento com coaching e responsabilização extras, e deixe claro que você está esperando que ele se comprometa em atingir esses objetivos.

O PROFISSIONAL DE BAIXO DESEMPENHO DEVE ACREDITAR NO PLANO DE COACHING

Anteriormente sugeri não julgar a reação inicial de Johnny ao ser confrontado com seu baixo desempenho. Já testemunhei a resposta emocional do vendedor com problemas mudar quando a gravidade da situação e os esforços razoáveis do gestor eram compreendidos. Depois de uma atitude mais reativa no início da conversa, com frequência o vendedor baixa a guarda conforme processa o diálogo e vê que não apenas ele não está sendo demitido, mas também que aquilo não é nenhum *plano de melhoria de desempenho* padronizado orientado pelo RH — o tipo que todo mundo vê como uma formalidade empregada pelas empresas para se protegerem. Não, é algo muito diferente. Isso não é um plano jurídico/de compliance para se proteger e não ser processado; é um gestor humano oferecendo uma assistência significativa para um vendedor humano que precisa dela.

> ISSO NÃO É UM PLANO JURÍDICO/DE COMPLIANCE PARA SE PROTEGER E NÃO SER PROCESSADO; É UM GESTOR HUMANO OFERECENDO UMA ASSISTÊNCIA SIGNIFICATIVA PARA UM VENDEDOR HUMANO QUE PRECISA DELA.

É exatamente por isso que devemos obter a concordância total do profissional com baixo desempenho com o que estamos oferecendo. Concluímos essa conversa solicitando duas coisas a Johnny. Primeiro, perguntamos diretamente a ele se está comprometido em melhorar seu rendimento. "Johnny, preciso saber se você está de acordo com o que sugeri hoje. Estou comprometido em fazer o investimento para ajudá-lo a melhorar seu desempenho. Eu me comprometo a dobrar o coaching e as reuniões individuais com você, porque quero vê-lo vencer. Mas, para que isso funcione, é preciso reciprocidade. Preciso saber de você. Está cem por cento comprometido em fazer um esforço extra para virar o jogo, e está à vontade com o coaching e as reuniões de responsabilização adicionais comigo?"

A segunda coisa que vamos pedir a Johnny é um plano por escrito. Perceba que não estou pedindo a você para escrever um plano para o sucesso de Johnny. Ah, não. Nós já expressamos com o que estamos contribuindo com esse processo de coaching. Para garantir que Johnny aceitou mesmo a ideia e merece nosso tempo e foco extras, devemos assegurar tanto sua afirmação verbal quanto um compromisso por escrito. Então peça a ele que rascunhe um plano breve resumindo como ele pretende botar seus resultados onde eles precisam estar, e faça com que ele inclua especificidades sobre os níveis de atividade e outras métricas apropriadas (saúde do pipeline, criação de oportunidades, negócios chegando a determinado estágio e assim por diante).

Como Johnny responde a nossas duas solicitações é de extrema importância. Esse processo de coaching é uma via de mão dupla. Deve haver reciprocidade, ou não há razão para fazer isso. É imperativo garantir o comprometimento verbal e por escrito com o plano. Se Johnny estiver a bordo, então todos os sistemas entram em ação. Mas se você não estiver satisfeito com a forma como Johnny responde, aí é outra história. Se Johnny começa a dar desculpas, atacar a empresa, dizer como isso não é justo ou explicar como você não entende a situação, isso é mais que apenas um sinal amarelo. Isso é um sinal vermelho gigantesco. Ponto.

De forma semelhante, se Johnny consegue fingir durante o acordo verbal, mas apresenta um plano escrito que é um lixo e não demonstra nem esforço sério nem compromisso com o processo, isso não nos diz tudo o que precisamos saber? Quando a pessoa está fracassando, quase perdendo o emprego, recebe uma corda de salvação e não tem respeito nem bom senso para agarrá-la e demonstrar seu comprometimento (muito menos sua apreciação) pela oportunidade de se salvar, temos aí um indicador muito forte de que nada vai mudar.

Então preste muita atenção a como Johnny responde à sua solicitação de reciprocidade. Se ele compra a ideia, isso é fantástico e exatamente o que esperávamos. Você então deve estar mais do que disposto a entrar totalmente em cena por um período definido para oferecer assistência maciça. De toda forma, comece na mesma hora. Mas se a reação de Johnny comunicar que ele não está muito interessado em seu investimento nem comprometido com um esforço extra, então há zero razão (ou incentivo) para começar a treiná-lo. Nesse caso, recomendo fortemente que você faça o que quer que sua empresa exija para demitir Johnny. Não gaste um grama de energia ou um minuto adicional tentando fazer com que ele siga na direção certa. Você deu a ele uma oportunidade incrível, e ele a desprezou, assim como desprezou você. Seu desempenho é inaceitável. Você deixou isso bem claro. Você se ofereceu para ajudá-lo, e ele, pela resposta, rejeitou a oferta. Chegou a hora de demitir Johnny.

O RESULTADO É SEMPRE BOM

Eu ofereço aqui mais um incentivo. Se você não tem muita certeza de que é hora de lidar com o baixo desempenho de uma pessoa, isso quer dizer que a hora chegou.

Há dois resultados possíveis de botar alguém em um plano de coaching. O primeiro (e mais desejável) é que o plano funcione! O investimento extra do gestor em coaching e reuniões individuais combinado com o compromisso do vendedor com a resolução do problema é recompensado. Na conclusão do período de coaching, o vendedor agora está com um rendimento em um nível aceitável — pelo menos temporariamente. É uma situação em que todos ganham. Você melhorou o jogo do vendedor, salvou seu emprego e alterou potencialmente a trajetória de sua carreira. E como você vai ver no exemplo a seguir, isso não é um exagero.

O outro resultado possível é que o plano de coaching fracasse. Mesmo com todo o esforço extra tanto do coach quanto do funcionário, o vendedor não foi capaz de aumentar seu desempenho até um nível aceitável. Mesmo que esse não seja o resultado desejável, ainda é um bom resultado porque nos dá clareza; nós temos uma resposta definitiva. Esse vendedor não vai ser bem-sucedido no emprego, e é hora de liberar essa pessoa para ter sucesso em outro lugar. Embora esse não seja o resultado que esperávamos, podemos dormir tranquilos, porque fizemos nosso trabalho de líder. Nós não apenas lidamos com o mau desempenho (protegendo nossa cultura e transmitindo uma mensagem importante para a equipe), mas também fizemos um esforço supremo para salvar nosso vendedor com problemas. Nós fizemos tudo o que pudemos e agora sabemos que é preciso substituir nosso Johnny.

Nada de bom resulta de evitar (ou adiar) a conversa e o processo de coaching. Se você não tem certeza de que deve começar a fazer coaching com uma pessoa, então faça isso, porque o resultado é sempre bom.

Quero encerrar este capítulo desafiador com uma história de coaching de sucesso para encorajar você. Sempre me divirto e até fico um pouco surpreso quando lidero discussões com gestores de vendas para lidar com o mau desempenho. Junto com todos os exemplos frustrantes de evitar as pessoas de baixo rendimento, também escuto alguns sucessos bem incríveis. E embora seja divertido ouvir gestores falarem (se gabarem) de como eles transformaram vendedores com dificuldades, as histórias mais poderosas que ouvi recentemente foram de pessoas que estavam do outro lado da conversa de coaching! Uma coisa é ouvir um gestor dizer que salvou Johnny e mudou o rumo de sua carreira, mas é mil vezes mais significativo ouvir a história do próprio Johnny — especialmente quando ele se tornou um astro das vendas e agora é vice-presidente sênior em uma organização de um bilhão de dólares.

Certa vez eu estava ministrando um workshop para sessenta gestores em uma empresa no Texas. Nós tínhamos acabado de resumir muito do que está neste capítulo e estávamos fazendo um exercício sobre que relatórios (dados) são mais importantes para levar para a conversa inicial de coaching. Nós também estávamos praticando como começar o diálogo com um vendedor com dificuldades. Quando um dos gestores perguntou o quanto devíamos ser diretos ao confrontar o vendedor de baixo desempenho, o vice-presidente sênior se levantou e andou na minha direção na frente do salão. Adoro quando isso acontece, porque me diz que estamos no alvo e que o que estou ensinando tocou fundo na liderança sênior.

Era óbvio que eu devia me afastar e deixar que o vice-presidente sênior ocupasse o palco. Olhando para sua equipe de gestores de vendas, ele começou: "Vou contar uma história rápida para reforçar esse conceito que Mike está se esforçando tanto para que vocês entendam. A única pessoa neste salão que conhece esta história, além de mim, é nosso CEO. Meus caros gestores de vendas, eu era Johnny. Há trinta anos, eu era o jovem gestor de vendas com problemas e um tanto apático, e meu chefe me chamou em seu escritório. Ele me disse que gostava de mim e que achava que eu era promissor e tinha potencial, mas nem meus esforços nem meus resultados eram o suficiente. Ele me disse que estava desapontado por eu estar fazendo as coisas da maneira mais fácil e que eu não tinha aprendido mais sobre nosso produto nem melhorado na condução de reuniões de vendas. Ele pediu que eu estudasse mais para aprender sobre o negócio e para praticar meu ofício. Ele queria ver que eu levava meu trabalho a sério. Então disse que nós iríamos ter reuniões individuais semanais para revisar meu progresso para que ele pudesse responder às minhas perguntas. Meu gestor terminou a conversa dizendo que eu tinha o que era preciso para ser muito bom, que ele esperava muito mais de mim e que iria me ver na semana seguinte."

O vice-presidente sênior fez uma pausa e então apontou para meu slide na tela que dizia apenas: IGNORAR O BAIXO DESEMPENHO = ERRO GRAVE DE GESTÃO. Ele concluiu: "Eu dou àquele meu primeiro gestor todo o crédito do mundo por não me permitir relaxar. E como ele não ignorou meu baixo desempenho, estou diante de vocês hoje. Eu nunca, nunca estaria neste cargo se não fosse por aquele homem."

De Johnny com rendimento baixo a vice-presidente sênior. Se essa história não é incentivo suficiente para que você comece a lidar com o baixo desempenho, nada vai ser.

9
Use com sabedoria o enorme espaço emocional e mental que você ocupa no coração e na mente de seus vendedores

O Capítulo 8 foi pesado. Nós abordamos uma função crítica da gestão de vendas e destacamos a importância de uma abordagem racional, especialmente ao lidar com o baixo desempenho. E embora essa seja uma das melhores práticas comprovadas de gestão de vendas, neste capítulo ofereço um grande contraste, balançando o pêndulo na direção oposta.

VOCÊ ESTÁ LIDERANDO SERES HUMANOS, NÃO ROBÔS

A experiência confirma que gestores devem conduzir reuniões individuais e confrontar o desempenho fraco apenas com base nos fatos. Entretanto, eu me sinto na obrigação de sugerir que talvez esse seja *o único momento* em que gestores devem ignorar o estado emocional de um vendedor. Vendedores não são seres sem emoção. Eles não são robôs. Eles são seres humanos, e frequentemente o tipo de humano que é mais emotivo! Você não concordaria que muitas pessoas acabam em vendas devido a sua paixão e inteligência emocional? Em quase todos os papéis em vendas que observo, mesmo em ambientes muito técnicos, o QE supera o QI como determinante do sucesso em vendas. As emoções, e o estado emocional de um vendedor, importam muito.

Na verdade, peço que você compare as características estereotípicas de personalidade de engenheiros, contadores e gerentes de projeto com as de vendedores. Entendeu? Como escrevi antes, é relativamente comum encontrar contadores infelizes que, emocionalmente desconectados de seu trabalho, ainda têm desempenho excelente em seu trabalho de contabilidade, mas até hoje não identifiquei um único vendedor de grande sucesso infeliz. Vender exige envolvimento emocional.

Muitos anos atrás, eu trabalhava para um líder de vendas incrível. Donnie Williams, que era um grande vice-presidente na área, amigo, mentor e mais tarde sócio durante meu primeiro empreendimento como coach e consultor, entendia a composição emocional de um vendedor melhor que qualquer um. Donnie muitas vezes pregava esses dois lembretes poderosos usando várias partes de nossa anatomia para comunicar sua mensagem.

1. Vendas, em especial o sucesso nessa área, frequentemente têm mais a ver com o coração do que com a cabeça.

2. Gestão de vendas é a arte refinada de ouvir o coração e ao mesmo tempo ser implacável.

Donnie se tornou tanto um líder interno de vendas quanto um consultor de sucesso porque, entre outras razões, entendia e aplicava com maestria essas verdades, fosse liderando sua própria equipe ou ajudando outros executivos e gestores a liderar as suas. Mais para a frente, vou voltar e abordar especificamente o equilíbrio que Donnie defende no ponto 2. Mas primeiro me permita me aprofundar na tese deste capítulo:

> Gestores de vendas na linha de frente ocupam muito mais espaço (mental e emocional) na mente e no coração da sua equipe do que eles normalmente percebem ou gostariam.

Se você duvida disso, mesmo que só um pouco, tire alguns minutos para refletir sobre a frequência com que seu atual chefe lhe vem à mente — ou a frequência com que você lembra de um antigo chefe. E não é apenas espaço mental que esse líder ocupa. E quanto à sua reação emocional a comentários, observações, elogios, críticas e assistência de seu chefe ou a falta de tudo isso? Lembra-se de como você queria agradar a ele ou como ficava frustrado quando não recebia os elogios e o reconhecimento que julgava merecer? Por outro lado, até onde ia seu reconhecimento e encorajamento? O quanto você gostava de receber afirmação positiva por um trabalho bem-feito? O quanto mais motivado você ficava para trabalhar com afinco e atingir resultados quando *se sentia* reconhecido, valorizado e apreciado pelo seu líder direto? Então, se essas perguntas passam pela sua cabeça em relação a seu próprio chefe ou líder, é melhor você acreditar que seus subordinados têm as mesmas questões e preocupações rodopiando na mente deles. *O tempo inteiro*.

Amigo gestor de vendas, essa é uma grande responsabilidade. Ainda que não tenha consciência disso, como líder da equipe, você ocupa um espaço significativo na mente e no coração de seus subordinados, e é por isso que devemos seguir o conselho de Donnie Williams para equilibrar nossa abordagem.

MANTER UMA CULTURA DE VENDAS DE ALTO DESEMPENHO E AGRESSIVA E SE PREOCUPAR PROFUNDAMENTE COM AS PESSOAS EM SUA EQUIPE NÃO SÃO FATORES EXCLUDENTES

Uma jovem líder de vendas brilhante e ousada me fez uma pergunta simples, mas ainda assim profunda, durante um evento recente de liderança de vendas que eu estava apresentando. "Mike, concordo completamente com o tema da responsabilização, mas como você equilibra isso com empatia? Como eu demonstro que me importo com a pessoa enquanto a pressiono para atingir resultados e bater a meta?"

Que pergunta perfeita. Sério, essa é *a pergunta* que todo líder de vendas deve fazer. E é exatamente isso que Donnie prega com sua declaração simples e incisiva de que nosso emprego como gestores de vendas é equilibrar com habilidade a agressividade e o encorajamento.

Minha versão um pouco menos simples é algo que prego para todo executivo e gestor que se dispõe a ouvir: não há nada, e estou dizendo nada, mutuamente excludente em ser totalmente focado em metas e resultados, postar relatórios e cartões de resultados por toda parte enquanto promove uma comunidade carinhosa pró-vendas e pró-vendedor! Você pode (e deve) conduzir com eficácia e eficiência reuniões individuais de responsabilização com um foco preciso nos resultados e na saúde do pipeline (e, quando necessário, atividade) de um vendedor. Isso é inegociável, e como afirmei com veemência no Capítulo 3, *seu trabalho mais importante* é garantir que sua equipe esteja fazendo o trabalho dela.

Mas ao mesmo tempo você pode (e deve) criar um ambiente de apoio, interesse e, ousaria dizer, até amoroso, em que vendedores são valorizados e respeitados!

Não há força mais poderosa do que uma cultura de vendas que equilibre isso bem. Divertida. Cheia de energia. Com padrões elevados. Que está sempre atenta aos resultados. Que celebra o sucesso. Que dá apoio. Que se autopolicia. Que é orgulhosa. Que tem muita prática. Que motiva seus pares. Que promove um senso de comunidade e preocupação com os demais. Esse é exatamente o tipo de ambiente em que grandes pessoas desejam trabalhar, porque não apenas querem vencer, mas também querem desesperadamente se sentir parte de algo que é maior do que elas mesmas.

As culturas de vendas mais saudáveis têm as duas partes: agressividade e foco em resultados, enquanto também desfrutam de uma sensação de camaradagem como equipe e mantêm um ambiente pró-vendedor e de apoio! Na verdade, a cultura de vendas mais forte que já encontrei equilibrava isso melhor do que qualquer organização que observei em meus trinta anos de carreira. Depois de apenas dois dias na empresa, eu disse a seu CEO que se eu soubesse como era divertido trabalhar com a equipe dele e o quanto eu ia aprender, não teria cobrado pelo trabalho.

Eu estava falando sério. A experiência foi incrível. No momento em que pus os pés no prédio, pareceu que eu devia tirar os sapatos, porque estava pisando em um solo sagrado de vendas. A cultura era boa assim. Intensa assim. Havia placares em todas as paredes. As sessões individuais de responsabilização eram realizadas com perfeição. O planejamento de reuniões entre o CEO e os principais vendedores me deixou fascinado por um líder que simultaneamente forçava os limites, desafiava, treinava, apoiava, encorajava e aprimorava seu pessoal. Reuniões da equipe de vendas em que *todo mundo* participava e que equilibravam de um jeito incrível positividade e prática com feedback incisivo. Eu nunca tinha visto vendedores e sucesso serem honrados e celebrados de um jeito tão intenso. Essa cultura era realmente o retrato perfeito de tudo o que é bom na área de vendas. Eu descrevo essa história com mais detalhes no capítulo 18 de *Sales Management: Simplified,* mas vou recapitulá-la aqui como o melhor exemplo que já vi de alcançar esse equilíbrio delicado na prática.

Os líderes nessa organização tinham grande consciência e respeito por quanto espaço na cabeça e no coração de seu pessoal eles ocupavam, e eram totalmente comprometidos com investir na conexão emocional entre vendedor e líder de vendas. Eles tinham noção da influência que exercem e não abusavam dela, e todo mundo se beneficiava dessa atitude. Nunca testemunhei uma equipe de vendas tão engajada e motivada. Esses líderes levavam o conselho de Mike Jeffrey, no Capítulo 7, de "se tornar a ponte" para seu pessoal a um nível totalmente diferente, e estou convencido de que é em grande parte por isso que os membros da equipe de vendas produziram o triplo de resultados do vendedor médio dessa área. Liderança importa, e quando líderes usam com habilidade o espaço que ocupam na mente e no coração de seus funcionários, coisas grandiosas acontecem.

O PODER TRANSFORMADOR DE SUA EQUIPE SABER QUE VOCÊ ESTÁ "DO LADO DELA"

Eu me beneficiei tanto pessoal quanto profissionalmente de ter mentores e gestores que causaram um impacto tremendo em minha vida — de conselheiros de acampamentos de verão a líderes de equipes de vendas, de CEOs a pastores que não apenas investiram em meu desenvolvimento, mas também deixavam claríssimo que eles estavam "do meu lado".

É difícil encontrar palavras suficientes para articular de maneira adequada o poder transformador de um bom líder que deseja o melhor para você, às vezes ainda mais do que você quer para si mesmo. E embora eu possa encher um livro inteiro (e um dia talvez faça isso) com as lições transformadoras que obtive (e os resultados alcançados) desses líderes que deixaram uma marca significativa em minha vida, há um exemplo em particular que ilustra muito bem o ponto que eu quero tanto que gestores de vendas entendam.

No fim de 2004, minha família começou a frequentar uma igreja relativamente nova na área. Nós fomos atraídos por ela por inúmeras razões, e minha mulher e eu mergulhamos de cabeça para servir de qualquer maneira que fosse possível. Não apenas a igreja era jovem; pode-se dizer que seus líderes e membros também eram. Os primeiros anos foram uma temporada maravilhosa de crescimento para nós como família, e como éramos um pouco mais velhos que os membros médios (e até mesmo que os líderes) e estávamos muito alinhados com a missão, os valores e a cultura da igreja, Katie e eu recebemos diversas oportunidades para liderar.

De todos os melhores aspectos de nosso envolvimento com aquela igreja em crescimento, meu relacionamento pessoal mais significativo se desenvolveu com um homem chamado Steve Miller. Steve era o pastor executivo, o que significava que ele era a cola da organização. Enquanto o pastor líder, um visionário, fazia seu papel pregando, ensinando, transmitindo visões e assim por diante, duas responsabilidades indispensáveis recaíam sobre Steve. Ele era o guardião da cultura enquanto a igreja crescia rapidamente, e ele *liderava os líderes* de diversos ministérios. Em outras palavras, sem Steve ali teria sido o caos: muito pouco do que precisava ser feito teria sido executado, e a organização teria saído de controle e perdido seu caminho.

Meu relacionamento inicial com Steve pode ser melhor descrito como mentoria recíproca. Ele é dez anos mais jovem que eu, então, à medida que passávamos mais tempo juntos e ficávamos próximos, era natural que eu oferecesse sabedoria e perspectiva em assuntos que iam de paternidade a planejamento financeiro. E à medida que ele me conhecia melhor, começou a me colocar em posições de liderança mais significativas na igreja, me orientando a cada passo do caminho. Foi quando realmente comecei a me beneficiar de seu brilho como líder. Na verdade, não tenho certeza de que em outro momento de minha vida tive um líder tão maravilhoso quanto Steve.

Uma das coisas que Steve não apenas ensinou, mas moldou, foi esta realidade: *Liderança é uma série de conversas difíceis*. E se ele estava me colocando em uma conversa difícil ou, como era mais frequente, iniciando uma comigo (para treinar, desafiar ou mesmo me corrigir), Steve Miller botava suas palavras em ação. Entretanto, mais do que qualquer líder com quem trabalhei proximamente (inclusive CEOs de empresas de bilhões de dólares), ele tinha a habilidade incrível de ajudar a ver por que você estava sendo desafiado (pressionado) e por que isso era de seu melhor interesse e da organização.

Dizer que Steve me levou para fora da minha zona de conforto seria um eufemismo. De me mandar para hospitais para rezar com pessoas gravemente doentes a liderar ministérios importantes, a confiar em mim e me liderar na abertura de um novo campus (tarefas para as quais eu me sentia despreparado e sem recursos), ele fez com que eu fizesse tudo isso (com sucesso) de coração aberto.

Qual era o segredo de Steve Miller? Como ele me cativou, e a muitos outros, a ir além? Como ele de algum modo conseguiu fazer com que eu me sentisse bem depois de aparar minhas arestas afiadas em uma conversa de coaching ou me desafiando quando eu não dava a alguma coisa ou a alguém a atenção que mereciam? A resposta é simples. Em praticamente toda conversa, Steve deixava muito claro que *ele estava do meu lado*. Por todos os anos em que conheço e amo esse homem, a única frase que me vem à mente a qualquer momento em que penso nele é essa: "Mike, eu estou do seu lado."

Eu me emociono ao contar a enorme influência positiva transformadora que esse homem tem em minha vida há mais de uma década. Ainda posso ouvir sua voz sincera, estivesse eu sendo elogiado ou pressionado. "Mike, eu estou do seu lado."

Líder de vendas, se você teve um Steve Miller em sua vida, já entendeu por que contei essa história pessoal e porque insisto que você adote essa abordagem com os membros de sua equipe. E se ainda não teve a experiência de ser liderado por alguém que estivesse apaixonadamente *do seu lado*, por favor, saiba que você pode causar esse tipo de impacto na vida das pessoas que lidera.

CONQUISTE UMA VITÓRIA QUÁDRUPLA SE CONECTANDO AO NÍVEL DO CORAÇÃO

Além do fato de que realmente se importar com seu pessoal é *a coisa certa a fazer*, há um maravilhoso benefício resultante nos negócios quando líderes são organizadores responsáveis do espaço que ocupam na mente e no coração da equipe — os resultados nos negócios costumam melhorar drasticamente.

Eu chamo isso de vitória quádrupla porque há quatro partes distintas que se beneficiam e muito quando gestores de vendas motivam seu pessoal ao máximo. É verdade, todo mundo ganha, menos a concorrência! Obviamente seus vendedores vencem, porque se conectar com eles dessa forma leva a um engajamento total. Quando o coração e a mente deles estão focadíssimos na missão, grandes coisas tendem a acontecer, e os resultados disparam. O cliente ganha porque está trabalhando com um vendedor motivado e bem liderado (até amado). Vendedores felizes, totalmente engajados e motivados, cujas necessidades emocionais são atendidas, são geralmente muito melhores em atender as necessidades e entregar maior valor para seus clientes. O terceiro beneficiário é a empresa. Sua liderança extremamente eficaz leva tanto ao crescimento da receita bruta quanto da receita líquida. A rotatividade diminui enquanto a produtividade aumenta. Seu CFO vai amar um relatório de perdas e ganhos saudável que sua conexão real com a equipe gerou ☺. E, finalmente, é possível que o maior vencedor de todos seja você, o gestor de vendas. Você não apenas experimenta a alegria e a satisfação de ver sua liderança promissora transformar seu pessoal, mas vai produzir resultados arrasadores.

Líder de vendas, que a Vitória Quádrupla inspire você a fazer um esforço extra. *Você* e todas as outras pessoas vão se beneficiar. Seu pessoal deseja com avidez algo mais que uma pergunta rápida ao passar pelo corredor, uma mensagem de texto desleixada ou um e-mail apressado querendo alguma informação específica. Em vez disso, você e seus funcionários vão colher os dividendos quando você se conectar mental e emocionalmente com eles, nitidamente comunicando que você está *do lado deles*.

CINCO DICAS SIMPLES PARA ENGAJAR CORAÇÕES E MENTES

Tenho cinco dicas muito básicas, mas comprovadas, para ajudar você a se reunir com seu pessoal que necessita de atenção e apoio e comunicar com clareza que você está do lado deles. Esses esforços simples demonstram que você se importa e que não está apenas considerando normal o espaço enorme que ocupa no coração e na mente deles.

1. Pegue o telefone e ligue para eles. Não uma mensagem de texto, não um e-mail. *Pegue o telefone*. Eles precisam ouvir sua voz. Ligue apenas para dar um alô e fazer com que eles saibam que você está pensando neles e se importa. A voz supera o texto. O telefonema põe uma pessoa de verdade por trás da projeção. *Faça a ligação*. Da mesma forma que fazemos com pessoas em nossa família ou nossos amigos com quem realmente nos importamos. Você não precisa nem ter assunto; é mais impactante quando você não tem. Apenas telefone para fazer uma conexão humana.

2. Pare de adiar seu tempo de coaching proativo. Como descrito no Capítulo 4, uma de nossas atribuições mais importantes é ajudar nosso pessoal a fazer melhor o trabalho dele. Quer jeito melhor de respeitar o espaço que ocupamos na mente e no coração das pessoas do que dedicar nosso tempo precioso a investir no aprimoramento delas? Mesmo assim, como eu disse anteriormente, coaching proativo é geralmente a primeira coisa que gestores de vendas cancelam ou adiam quando algum problema acontece. Sei que é conveniente cancelar trabalho de campo ou uma sessão de coaching quando surge alguma coisa mais urgente, e às vezes você pode ter que fazer isso. Mas, pelo amor de Deus, quando esse for o caso, procure imediatamente essa pessoa para remarcar. Se você adiar uma sessão de coaching ou visita em conjunto e não remarcar rapidamente, isso comunica falta de interesse e de preocupação. Se você tivesse que cancelar um encontro com seu cônjuge, filho ou amigo porque surgiu algo urgente, você não pediria desculpas sinceras e demonstraria seu cuidado remarcando com eles o quanto antes? Não engane a si mesmo nem a seu pessoal. Faça seu coaching proativo. Ponha isso em sua agenda e se encontre com sua equipe. Isso não é opcional. É seu trabalho.

3. Demonstre apreço de um jeito tangível e criativo. Faça algo que fuja ao comum e personalize isso. Acrescente um toque humano. Escreva um bilhete. Envie um cartão à moda antiga. Compre uma lembrancinha que represente sua preocupação com esse indivíduo — mostre que você realmente conhece seu hobby ou suas preferências. Pode ser algo tão simples e pequeno como enviar uma revista sobre um tema que eles acompanham ou tão generoso quanto um cartão-presente para seu restaurante favorito. Presentes atenciosos, independentemente do custo, são subestimados e muitas vezes causam um impacto maior e mais duradouro do que esperamos.

4. Marque uma sessão para estabelecer metas. Peça a seus funcionários que se reúnam com você individualmente para uma sessão focada em uma coisa: explicar seus objetivos profissionais e pessoais. Deixe claro que você está interessado em entender o que eles querem conquistar no curto e no longo prazo, de modo que você seja capaz de fornecer o apoio e o treinamento necessário para ajudá-los a vencer. Quer jeito melhor de comunicar que está do lado desse vendedor do que deixar claro que você está jogando a favor dele? Mais uma vez, invoco o conselho de Mike Jeffrey para que o gestor *se torne a ponte* entre onde o vendedor está hoje e onde ele quer estar (quem ele quer se tornar).

5. Faça algo atencioso, criativo e diferente em sua próxima reunião com a equipe. Façam uma excursão. Faça uma caçada ao tesouro. Se reúnam em algum lugar divertido. Uma vez eu estava trabalhando com um executivo regional do Bank of America que levou a equipe inteira para assistir a um filme inspirador e depois para jantar, a fim de compartilharem suas ideias. Meses depois, os vendedores ainda estavam falando sobre aquela grande experiência e o impacto duradouro que ela havia causado.

Gestores de vendas ocupam muito mais espaço emocional e mental do que percebemos. Então digo mais uma vez: vamos ser ótimos guardiões dessa grande responsabilidade sem abusar nem achar natural essa posição de poder. Todos os quatro interessados na Vitória Quádrupla se beneficiam enormemente — o vendedor, o cliente, a empresa e você, o gestor!

10
Reduza a velocidade para acelerar seu crescimento

Em quase toda nova empreitada, um início acelerado é um desejo universal. Quer dizer, quem não quer ter um início acelerado? Seja um novo ano, uma nova dieta, um novo hobby ou, neste caso, um novo papel de gestão, todos queremos começar bem e logo nos desenvolver e ser bem-sucedidos.

Você, porém, pode ter percebido que, ao longo dos nove primeiros capítulos deste livro, não há nenhuma palavra sobre ter um início acelerado. Garanto a vocês que isso não foi um esquecimento. Na verdade, é exatamente o oposto. Já mencionei minha experiência frustrante nos meus seis primeiros meses em gestão de vendas, e no Capítulo 5 compartilhei o sofrimento e o constrangimento que Meredith sentiu quando teve que demitir dois de seus representantes depois de enviá-los para o clube do presidente por causa de seu zelo, ingenuidade, imaturidade e inexperiência como gestora novata.

Seu zelo (e o desejo de logo ocupar a posição de gestor pela primeira vez), embora seja uma qualidade admirável e possivelmente o motivo pelo qual você conquistou esse cargo, pode prejudicá-lo quando você assumir as novas responsabilidades de liderança. Isso certamente aconteceu com Meredith e comigo.

Quando eu estava começando em meu primeiro cargo em gestão de vendas, no papel, eu parecia o candidato perfeito. Depois de ser o maior produtor em três organizações diferentes e de ter acabado de concluir um período bem-sucedido de quatro anos em treinamento e consultoria de vendas, eu estava superconfiante de que sabia exatamente o que fazer como novo líder da equipe de vendas. E o CEO que me recrutou para a função também estava extremamente confiante. Eu estava ansioso para começar e mal podia esperar para entrar em ação e me destacar. E como eu estava assumindo uma organização de vendas de baixo desempenho, senti pressão para deixar minha marca na cultura e no processo de vendas para causar um impacto o mais rápido possível. Agora, porém, olhando para trás, vejo como minha própria empolgação e a pressão que botei sobre mim mesmo para começar depressa foram fatores significativos para o início lento, ineficaz, desestimulante e frustrante da minha carreira de gestor de vendas.

Arrisco dizer que você também deseja um início acelerado. Essa talvez seja uma das principais razões para você estar lendo este livro. Eu entendo, e é exatamente por isso que este capítulo oferece mais um conselho que parece contraditório: desacelere se você quer ter um início mais rápido! Se quer mesmo apressar seu crescimento como gestor de vendas, o melhor ensinamento dos melhores líderes dessa área é desacelerar.

Este tema estava rondando minha mente enquanto eu escrevia os capítulos anteriores, e dois líderes de vendas em particular sempre me vinham à memória.

DICAS PARA UM INÍCIO ACELERADO DE DOIS LÍDERES INCRIVELMENTE TALENTOSOS

Dennis Sorenson talvez seja o líder sênior em vendas mais estratégico e motivado deste planeta. Nenhum cliente exigiu mais de mim, me forçou a melhorar meu próprio jogo nem me ensinou mais que

Dennis. Suas duas participações como convidado de meu podcast renderam críticas muito elogiosas. Ele é um mestre em estratégia de vendas, em promover líderes e em mudar organizações de vendas. Por sete anos eu me beneficiei de nosso relacionamento e tive o privilégio de observar Dennis liderar pessoas e produzir um crescimento radical das vendas. Supostamente sou seu coach e consultor, mas eu diria que é o contrário. Tenho certeza de que aprendo muito mais com ele do que ele comigo.

O outro líder de vendas sobre quem quero falar está na extremidade oposta do espectro de tempo no cargo, com pouco mais de seis meses liderando sua primeira equipe de vendas. Meu relacionamento com Drew Ellis começou quando ele me mandou uma mensagem de agradecimento pelo LinkedIn. Era um texto não apenas elogioso, mas incrivelmente sábio e cheio de insights. Tanto que o chamei para uma conversa on-line, porque eu queria saber mais sobre seu início de sucesso como novo líder de vendas. Fiquei tão impressionado com Drew depois disso que fiz algo que nunca tinha feito antes: convidei alguém com quem não havia trabalhado nem conhecia pessoalmente para participar de meu programa, confiante de que novos líderes de vendas iam se beneficiar ao ouvir sua história e sua abordagem. E fico feliz por ter feito isso. Vou contar a história dele em breve.

Voltemos para Dennis. Depois de observar Dennis assumir vários novos postos de liderança sênior (e ter sucesso) e também de ter me beneficiado por observá-lo na mentoria de gestores de vendas recém-promovidos, pedi seu melhor conselho para ajudar gestores de primeira viagem a terem um início rápido e de sucesso Sua resposta não decepcionou.

"Mike, sei que isso parece um oximoro, mas, para ir depressa, novos líderes precisam reduzir a velocidade. Eles devem desacelerar o suficiente para passar tempo com cada membro de sua equipe apenas com o propósito de observar e ouvir. Fazer boas perguntas e realmente 'ouvir para aprender' são possivelmente as duas habilidades de liderança mais desvalorizadas e menos apreciadas.

Encorajo fortemente todo novo líder de equipe a fazer um tour para escutar. Ver que tipo de trabalho está sendo feito. Observar. Fazer muitas perguntas. Ouvir. Absorver cada fragmento de informação que conseguir."

Ouvir Dennis pregar essa sabedoria poderosa para outras pessoas foi divertido. Ele estava seguindo o próprio conselho e adotando ele mesmo essa abordagem. Na verdade, quando me ligou uma semana depois de assumir seu cargo mais recente como vice-presidente sênior de receitas e vendas em uma nova empresa, uma das primeiras coisas que ele disse foi que ia precisar de alguns meses para realmente entender o terreno e o ambiente e para avaliar o talento de sua nova equipe e suas necessidades antes de poder começar a elaborar seu plano para um crescimento significativo de vendas. Ao lembrá-lo de que ele tinha compartilhado esse mesmo princípio comigo dois anos antes, Dennis explicou melhor como ele *avança lentamente* durante esses primeiros meses.

Dennis diz com um sorriso que Jeff Bezos entendeu tudo errado em seu livro *Inventar e vagar*, uma coletânea de seus escritos. "Bezos diz que devemos 'inventar e vagar', mas eu acho que é o inverso. Líderes devem vagar e então inventar em resposta ao que eles veem! Vagar, sentir as coisas e deixar que o que você observa dê forma ao plano que está elaborando. Com certeza, você tem ideias sobre seu plano antes de seu tour para ouvir e observar, mas eu vi inúmeras vezes que é essencial deixar que a exposição inicial à sua equipe, e ao negócio, *dê forma a seu plano*. Então você está realmente bem-posicionado para apresentar seu novo plano para os membros da equipe para que eles possam consumi-lo e assimilá-lo como seu."

Acabei de voltar da reunião anual de lançamento de vendas de Dennis. Foi uma experiência incrível, pois pude testemunhar em primeira mão o enorme impacto que sua liderança teve naquela organização de vendas. De todas as reuniões de lançamento em que estive em uma grande variedade de negócios em seu primeiro trimestre, não me lembro de ter visto uma equipe tão alinhada, energizada e focada. Apesar de Dennis ser um líder de crescimento forte e agressivo, atribuo seu sucesso absurdo à sua sabedoria para selecionar o talento certo (Capítulo 6), seu comprometimento com coaching proativo (Capítulo 4) e sua paciência estratégica e disposição para ouvir e observar antes de implementar.

Enquanto Dennis pode ser o líder de vendas experiente mais forte que encontrei, Drew Ellis (recentemente promovido a vice-presidente de midmarket da SAP) provavelmente tem mais convicção, disciplina e foco que qualquer outro novo líder de vendas que já conheci. Eu não conhecia Drew até receber aquela nota bem detalhada de agradecimento compartilhando a empolgação e o sucesso que ele estava experimentando seis meses após assumir seu cargo de gestão. Curioso para aprender mais, pedi para conversar com ele. O que era para ser uma conversa introdutória de vinte minutos se transformou em uma masterclass de quase uma hora, na qual esse gestor novato me presenteou com uma prática incrível de gestão de vendas atrás da outra! Aqui há apenas uma fração do que Drew compartilhou comigo naquela conversa inicial combinada com seu conselho para ajudar gestores a terem um início acelerado:

1. Deixe seu ego na porta. Você não é mais um colaborador individual; você agora deve vencer através de sua equipe. O fato de você poder ter sido um excelente representante de vendas não é o suficiente para garantir a grandeza em um papel de gestão. Isso significa não tentar bancar o herói da equipe nem o centro das atenções. Também significa contratar pessoas que você acredita que podem ser ainda melhores que você, o que certamente exige conter o ego. Quanto mais rápido você controlá-lo, mais rápido você vai se tornar eficaz como líder de vendas.

2. Comprometa-se a ser excelente consumindo conteúdo útil e prático antes de assumir o papel. Drew consumiu uma enorme quantidade de conteúdo antes de ser gestor, mas ele destaca que todo conteúdo ótimo está enraizado nos fundamentos e procura simplificar em vez de complicar. Ele toma cuidado para não cair em truques e atalhos, e me disse algo que eu nunca tinha ouvido antes: *os fundamentos humilham os truques. Sempre.* Então domine bem o básico e evite os truques e os modismos a todo custo.

3. Construa estruturas-chave assim que possível. Drew contou que estudou e dominou minha estrutura de reuniões individuais de responsabilização (com foco em resultados, depois pipeline e em seguida atividade, como descrito no Capítulo 3) antes mesmo de começar em seu papel de gestor. E depois que assumiu o emprego, ele rapidamente a adaptou e implementou para se encaixar no negócio que ele estava liderando.

4. Construa ritmos para tarefas e atividades de alto impacto. Drew é um mestre em reservar tempo para atividades de alta recompensa, e ele não apenas pratica isso, como também ajuda os membros de sua equipe de vendas a reservar espaço em suas agendas para ritmos críticos de desenvolvimento de novos negócios. Ele mantém um horário para suas sessões individuais semanais ou mensais, sessões de coaching, sessões de preparação para reuniões da equipe, sessões de manutenção de gestão de relacionamento com clientes, tempo de preparação antes de reuniões com seu gestor sênior e assim por diante. Dito de maneira mais simples, Drew domina seus ritmos mais importantes em gestão de vendas e os inclui em sua agenda para se assegurar de que aconteçam.

5. Contrate por cultura, resolução e adequação. Não sei se já ouvi um líder de vendas com mais convicção sobre o tipo de pessoa que quer em sua equipe do que Drew. Ele não cai nas hipérboles dos currículos pomposos nem está interessado em contratar pessoas com base em um concurso de beleza. Ele é dedicado a encontrar pessoas que não apenas se encaixem no papel e na equipe, mas que vão lutar para vencer.

6. Passe tempo com outros líderes (de dentro e de fora de sua empresa). Drew reconhece o valor que obtém de interagir com regularidade com outros gestores dentro da empresa, assim como parceiros e colegas fora da organização. O sujeito está comprometido a aprender por toda a vida, sempre procurando descobrir e incorporar princípios e melhores práticas de outras pessoas.

Mais do que qualquer outro gestor que conheci, Drew entende como o trabalho pode se tornar esmagador, e se preparou e se protegeu para prosperar. Quando perguntado sobre como prioriza onde focar e como organiza sua agenda para evitar a avalanche inadministrável de solicitações e expectativas que grandes empresas em geral impõem sobre gestores, ele ofereceu duas respostas simples.

Primeiro, Drew usa religiosamente a matriz de Eisenhower para priorizar tarefas. É uma metodologia que ele aprendeu na faculdade e que mantém até hoje. A figura a seguir mostra essa ferramenta mais básica e muito testada. Drew frequentemente passa suas tarefas por esse filtro simples para decidir que solicitações e tarefas merecem atenção. Ele está comprometido a não permitir que o urgente afogue o importante e a evitar ou ignorar tarefas que não são importantes nem urgentes. E está comprometido a delegar tarefas que exijam a atenção de alguém (não dele) para outras pessoas.

MATRIZ DE EISENHOWER

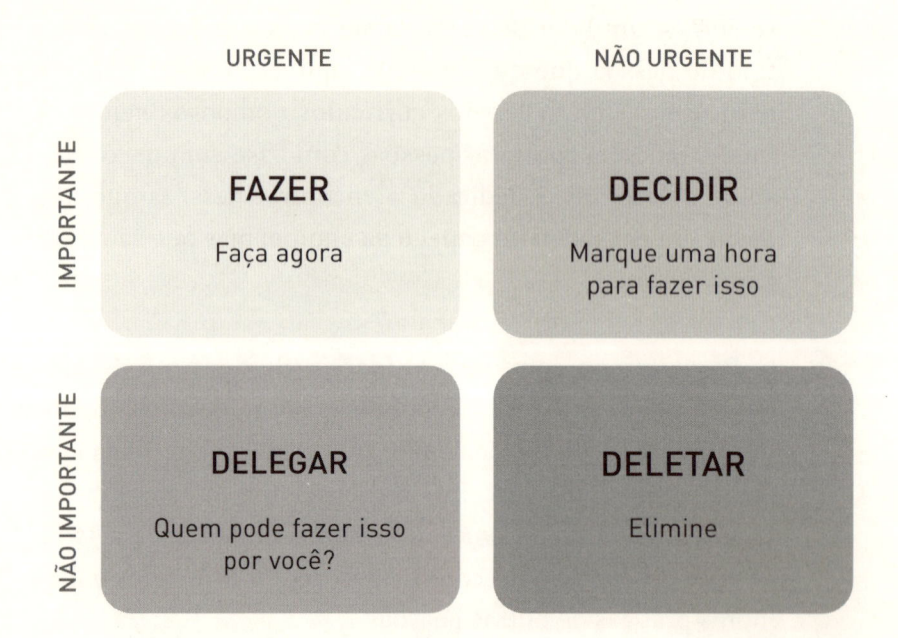

	URGENTE	NÃO URGENTE
IMPORTANTE	**FAZER** Faça agora	**DECIDIR** Marque uma hora para fazer isso
NÃO IMPORTANTE	**DELEGAR** Quem pode fazer isso por você?	**DELETAR** Elimine

A segunda filosofia que alimenta a fome insaciável de Drew por priorização e aumento na produtividade é emprestada do oficial SEAL da Marinha aposentado e autor do best-seller *Responsabilidade extrema*, Jocko Willink. Em diversas conversas, Drew fez referência à frase poderosa de Willink: *disciplina é liberdade*. Ele libera sua mente criando rotinas em torno de suas atividades (e as de sua equipe) de maior impacto (com alguns exemplos-chave delineados no número quatro). Essas disciplinas essenciais (como fazer um representante de vendas reservar horas para se dedicar a prospectar e expandir proativamente) se tornam sacrossantas; elas passam a ser rotinas estabelecidas que asseguram que ele e seu pessoal executem em vez de apenas falar. Drew enfatiza que em vez de fazer com que ele se sinta restrito ou aprisionado, seu comprometimento sólido com essas rotinas produz uma profunda paz de espírito e, como Willink promete, uma sensação de verdadeira liberdade sabendo que as tarefas mais importantes vão ser realizadas.

Drew resumiu sua filosofia de forma muito simples: "Mike, a disciplina mantém tudo unido."

UMA PRODUTIVIDADE MAIOR DEPENDE MUITO DAQUILO PARA O QUE VOCÊ DIZ NÃO

Ao longo dos últimos anos, investi dinheiro e tempo significativos estudando produtividade. Livros. Cursos on-line. Workshops presenciais. Podcasts. Grupos de trabalho. E mais. Minha motivação tinha dois lados Primeiro, eu me sentia péssimo. O crescimento de meu negócio; o grande número de solicitações e oportunidades; a carga de trabalho na criação de conteúdo; a preparação para reuniões; as viagens para fazer consultoria ou palestras; liderar grupos, apresentar eventos; gravar podcasts e tentar (sem muito sucesso) me manter atualizado com notificações e mensagens nas redes sociais (como a que Drew me mandou). Tudo isso era simplesmente esmagador. Não me entenda mal, não estou reclamando. Esses são *desafios* maravilhosos, mas isso não fez com que eu me sentisse menos assoberbado nem alterou a realidade de que não há horas suficientes no dia e na semana para lidar com todo o trabalho que precisa ser feito.

A segunda motivação para ganhar mais domínio sobre o tópico da produtividade deriva do que eu estava observando com meus clientes, e especialmente com gestores de vendas. A palavra *assoberbado* não é forte o suficiente para descrever o que tantos gestores estão experimentando. Centenas de e-mails. O fluxo intermitente de mensagens (Slack, Teams, entre outros). Convites na agenda para repetidas reuniões. Solicitação contínua de dados recentes e atualização de previsões. Além de todo tipo de tarefas administrativas do dia a dia que parecem sugar todo tempo e oxigênio restantes.

Dois temas-chave emergiram de todos os cursos, livros e gurus de produtividade. Cheque antes em sua agenda e reserve tempo para suas atividades mais recompensadoras. Isso garante que sempre haja tempo comprometido com as poucas atividades preciosas que são realmente determinantes e levam a resultados. O segundo tema é a necessidade de ficar longe de tarefas de baixo valor, porque elas roubam seu tempo. Todo especialista em produtividade reconhece que o que você decide não fazer é quase tão importante quanto o que decide fazer, porque a verdade óbvia é que praticamente ninguém lendo este livro tem um problema ético no trabalho. A resposta para o problema da produtividade não é trabalhar mais arduamente nem trabalhar mais horas. A maioria dos gestores de vendas já está trabalhando demais! Aumentar a produtividade (e os resultados) exige realocar tempo de tarefas sem importância para as importantes.

Estou convencido de que a paixão de Drew Ellis por disciplina, junto com sua compreensão da necessidade de priorizar, mesmo antes de assumir um papel de gestão, é uma das principais razões para que ele tenha tido sucesso quando assumiu o cargo de líder de equipe. Ele se preparou para resistir ao princípio universal frequentemente chamado de Lei de Parkinson: o trabalho aumenta para preencher o tempo reservado para ele. Parte da razão para eu ter entremeado o conceito de produtividade ao longo deste livro está enraizada em minha crença de que, para ganhar muito como novo líder de vendas, você precisa ganhar a batalha por seu tempo.

> PARA GANHAR MUITO COMO NOVO LÍDER DE VENDAS, VOCÊ PRECISA GANHAR A BATALHA POR SEU TEMPO.

Honestamente, como coach, eu gostaria muito mais de pregar filosofias e melhores práticas para "como" executar nossos comportamentos mais importantes. Acredite em mim, é muito mais divertido ajudar vendedores a aprimorarem sua história de vendas, melhorarem sua prospecção e aperfeiçoarem sua sondagem. E com gestores, é mais recompensador moldar a forma de conduzir uma reunião de responsabilização excelente ou revisar como preparar membros da equipe para grandes reuniões de vendas. Mas a verdade é que, se você é impedido de conduzir uma sessão individual ou de coaching porque pessoas bem-intencionadas, mas sem noção, em sua empresa continuam empilhando mais trabalho sobre sua mesa e enchendo sua caixa de entrada com solicitações triviais, não importa o quanto você seja eficaz ou brilhante nessas atividades mais compensadoras: nunca vai conseguir chegar até elas!

Ter um começo sólido exige clareza absoluta de que atividades vão ajudar sua equipe, e consequentemente você, a vencer. E para ser demasiadamente claro, vencer aqui se traduz em seu time atingir as metas e você organizar sua vida como gestor de vendas de maneira sustentável.

Toda tarefa e solicitação deve ser avaliada através das lentes da produtividade. Sempre vai haver mais trabalho, em geral mais do que você jamais poderia realizar, mesmo que trabalhasse 24 horas por dia. Então talvez a primeira-dama Nancy Reagan estivesse certa. *Apenas diga não (Just say no* — se você nasceu depois de 1980, pesquise no Google). Só porque havia uma tarefa que seu predecessor nessa posição fazia, isso não significa que você também tem que fazer. Apenas diga não. No fim das contas, ou mais exatamente, no fim do mês, trimestre e ano, você vai ser julgado pelos resultados produzidos por sua equipe. Portanto, quanto mais tempo você passa em seus dois trabalhos mais importantes, responsabilizar as pessoas por produzir resultados e ajudá-las a melhorar na produção de resultados, mais sucesso, mais diversão e mais reconhecimento você vai conquistar, e maior vai ser sua recompensa.

Vou acrescentar algumas dicas ao conselho de Drew. Diga às pessoas para pararem de copiar você em todos os e-mails que mandam para seus vendedores. E instrua seus vendedores a não copiá-lo em e-mails a menos que seja estritamente necessário. Lembre-se: o objetivo é liderar sua equipe para a vitória nas vendas, não se envolver nos detalhes de todas as conversas e correspondências. Não há troféus para quem lê mais e-mails, nem para quem esvazia a caixa de entrada uma vez por semana. Com certeza não há prêmios para destruir sua vida familiar porque você permitiu que pessoas em sua empresa que não entendem suas prioridades enterrem você com coisas que eles podem achar importantes, mas não trazem nenhuma contribuição para o sucesso de sua equipe.

Vamos encerrar este capítulo onde começamos. Quase sempre é nossa própria paixão que nos faz perder impulso quando mal começamos. Por conta do desejo intenso de ter um início acelerado e começar a impactar a equipe e os resultados, nós temos a tendência de nos precipitar. Nós rapidamente apresentamos nossa visão e plano para vencer e, sem pensar muito, começamos a encarar toda tarefa posta à nossa frente. Vou oferecer uma analogia de coaching de vendas que explica bem o sentido deste capítulo. Geralmente, quando um vendedor está trabalhando em um negócio grande, complexo e importante, o melhor conselho para *acelerar a venda* é desacelerar o processo de vendas. Em vez de se apressar para apresentar a proposta, verdadeiros profissionais de vendas desaceleram. Eles fazem um esforço extra para encontrar todas as partes interessadas, fazem trabalho extra de investigação para realmente entender a situação, os desafios, as necessidades, o futuro desejado e a cultura do cliente. Eles reúnem informações valiosas que os ajudam a formatar a solução, e, ao longo de todo o tempo, o investimento extra que eles estão fazendo melhora o relacionamento com o cliente, que agora os vê como profissionais pacientes e alguém comprometido com seu sucesso.

Meu amigo novo gestor, não é exatamente isso que queremos conquistar com nossas equipes? E essa não é a essência do conselho de Dennis Sorenson para que todos os novos gestores desacelerarem? Fazer um tour para escutar e vagar antes de inventar? Estou convencido de que sim. Para ter um início acelerado e começar a todo o vapor, siga o conselho do líder de vendas mais motivado que conheço. Reduza a velocidade para acelerar seu crescimento.

11
O sucesso na gestão de vendas é motivado pelo domínio dos fundamentos, não por brinquedos e truques extravagantes

Tenho a sensação de que após ler os primeiros dez capítulos você não está surpreso com o título e o tema deste capítulo de conclusão: fundamentos, não truques extravagantes.

Antes de dispensar você com uma última explosão de estímulo e uma bênção, porém, deixe-me fazer uma pausa por um instante para expressar minha gratidão e meu apreço sinceros. Nunca acho trivial quando indivíduos extremamente ocupados e sobrecarregados investem seu recurso mais precioso e escasso para consumir meu conteúdo. Seja um artigo curto, um episódio de podcast ou um livro inteiro como este, eu levo a sério seu investimento de tempo e o custo de oportunidade de sacrificar outra coisa para estar aqui. Por isso, obrigado. Um obrigado profundo e emocionado por confiar em mim e em *Gestor de vendas pela primeira vez* com seu tempo e foco.

GESTORES DE VENDAS E EQUIPES DE VENDAS NÃO FRACASSAM POR NÃO TEREM UMA NOVA FERRAMENTA OU PROCESSO

Enquanto você termina de ler e começa a implementar o que aprendeu neste livro, permita-me reafirmar essa verdade essencial para que não fique tentado a buscar atalhos ou saídas fáceis: *Não há atalhos*. A resposta para seu desafio na gestão de vendas não é um truque encontrado em um artigo muito lido no LinkedIn (provavelmente escrito no blog de um aspirante a consultor no porão da casa da mãe).

Garanto a você que a solução para seu problema em vendas não é uma saída rápida. Não há uma receita secreta. Confie em mim, nós todos já procuramos uma solução mágica. *Ela não existe.* Por favor, acredite em mim quando grito com todas as minhas forças que, em todas as organizações de vendas pelas quais passei ao longo das últimas décadas, nunca vi um líder de vendas ou uma equipe de vendas fracassar por não ter uma ferramenta ou processo novo. Semelhante à minha ideia de que um novo modelo de taco de golfe transformaria meu jogo, não há nenhum truque que garanta um grande sucesso como novo gestor. Então poupe o tempo desperdiçado e a decepção, evite os caça-*likes*, o *hype* e as falsas promessas, nem sugira a seu FOMO que há uma saída fácil e perfeita a ser descoberta.

CONCENTRE-SE NESSES FUNDAMENTOS

Uma última vez estimulo você a adotar e dominar as reuniões individuais de responsabilização, como mencionado no Capítulo 3. A coisa mais importante que você pode fazer para estabelecer e manter uma cultura vencedora e levar a resultados maiores é responsabilizar seu pessoal por fazer seu trabalho. Nunca, nem por um instante, permita-se pensar que alguma coisa na responsabilização é antipática, imoral ou politicamente incorreta. Na verdade, não responsabilizar as pessoas por seu desempenho é o cúmulo da irresponsabilidade como líder porque, no fim das contas, vendas têm a ver com resultados. A estrutura do Capítulo 3 fornece uma abordagem simples para garantir que você vá aumentar radicalmente sua responsabilização sem microgerenciar nem desmotivar os membros de sua equipe. Empregue essa abordagem e você e seu pessoal vão colher as recompensas.

Na sequência, o trabalho mais importante é ajudar seus vendedores a aprimorarem o trabalho deles. Não há melhor forma de um gestor de vendas passar seu tempo discricionário do que trabalhando com seu pessoal e ao lado dele. Resista à tentação de adiar ou cancelar seu tempo de coaching proativo com seus vendedores quando se deparar com *solicitações urgentes* que supostamente necessitam de sua atenção imediata. Sei que pode parecer um pouco contraditório, mas as solicitações urgentes podem esperar! Confie em mim: novas solicitações urgentes surgem o tempo todo para um gestor. Se você sempre adiar trabalhar com seu pessoal e fornecer coaching para ele até que os incêndios diários sejam apagados, você na verdade nunca vai fornecer coaching (e os resultados vão sofrer).

Depois de dominar responsabilização e coaching, concentrar o foco nos vários aspectos da gestão de talentos não apenas vai levar a mais resultados, mas você vai aproveitar sua vida como gestor de vendas significativamente muito mais quando:

- você tiver as pessoas certas em sua equipe,
- passar mais tempo com seu melhor pessoal,
- identificar mais rápido e lidar com o desempenho fraco.

Um último lembrete é que, embora quase nunca tenhamos consciência do quanto isso é verdade, gestores ocupam muito mais espaço no coração e na mente de seus vendedores do que costumam perceber. Nossa posição é importante e apresenta uma oportunidade enorme para usar todo espaço emocional e mental que ocupamos para o bem de todos. Quanto mais eficiente for nossa comunicação e nossa demonstração que estamos do lado do nosso pessoal, mais receptivos todos vão ser a nossa pressão, desafios e orientações.

EU FICARIA HONRADO EM CONTINUAR APOIANDO VOCÊ

É hora de lhe desejar sorte em sua jornada na gestão de vendas, então vamos terminar onde começamos. Parabéns! Confiaram a você o que acredito ser um dos empregos mais importantes no mundo dos negócios. Você está na posição de causar um impacto tremendo no negócio e na vida, no sucesso em vendas e na carreira das pessoas em sua equipe, assim como seu próprio sucesso, ganhos e trajetória profissional.

Estou empolgado por você e ficaria honrado em continuar a apoiá-lo ao longo de sua jornada na gestão de vendas. Eu também seria negligente se não indicasse a você meus três recursos mais populares para ajudar a aumentar vendas e a eficácia da gestão de vendas:

- *The Sales Management: Simplified Podcast* (escute em meu site mikeweinberger.com/podcast ou encontre o programa em seu provedor favorito de podcasts)

- *Sales Management: Simplified — The Straight Truth About Getting Exceptional Results from Your Sales Team*

- *New Sales Simplified: The Essential Handbook for Prospecting and New Business Development*

RECURSO BÔNUS

Há mais recursos [em inglês], entre eles meu blog em mikeweinberg.com, e sinta-se à vontade para entrar em contato comigo nas redes sociais em @mike_Weinberg. Eu adoraria acompanhar seu sucesso futuro.

Desejo a você muito sucesso, grande liderança de vendas e, para sua equipe, toneladas de novas vendas!

Mike

Direção editorial
Daniele Cajueiro

Editora responsável
Ana Carla Sousa

Produção editorial
Adriana Torres
Júlia Ribeiro
Allex Machado
Mariana Oliveira

Revisão de tradução
Marina Góes

Revisão
Rachel Rimas
Thais Entriel

Diagramação
Henrique Diniz

Este livro foi impresso em 2025, pela Vozes, para a Agir.
O papel do miolo é Avena 80g/m² e o da capa é Cartão 250g/m².